유경촌 주교가 풀어 쓴 가톨릭 사회 교리
21세기 신앙인에게

유경촌 주교가 풀어 쓴 가톨릭 사회 교리

21세기 신앙인에게

2014년 1월 8일 교회 인가
2014년 2월 5일 초판 1쇄 펴냄
2018년 7월 27일 초판 4쇄 펴냄

지은이 · 유경촌
펴낸이 · 염수정
펴낸곳 · 가톨릭출판사
편집 겸 인쇄인 · 김대영
편집장 · 이현주
편집 · 가톨릭출판사 편집국
디자인 · 정해인

본사 · 서울특별시 중구 중림로 27
지사 · 경기도 고양시 일산동구 노첨길 65
등록 · 1958. 1. 16. 제2-314호
전자우편 · edit@catholicbook.kr
전화 · 1544-1886(대)/ (02)6365-1888(영업국)
지로번호 · 3000997

ISBN 978-89-321-1342-5 03230

값 10,000원

ⓒ 유경촌, 2014

인터넷 가톨릭서점 http://www.catholicbook.kr
직영 매장: 명동대성당 (02)776-3601, (070)8865-1886/ FAX (02)776-3602
　　　　　 가톨릭회관 (02)777-2521, (070)8810-1886/ FAX (02)6499-1906
　　　　　 서초동성당 (02)313-1886/ FAX (02)585-5883
　　　　　 서울성모병원 (02)534-1886/ FAX (02)392-9252
　　　　　 절두산순교성지 (02)3141-1886/ FAX (02)335-0213
　　　　　 미주지사 (323)734-3383/ FAX (323)734-3380

가톨릭의 모든 도서와 성물을 '인터넷 가톨릭서점'에서 만나 보실 수 있습니다.

이 도서의 국립중앙도서관 출판예정도서목록(CIP)은 서지정보유통지원시스템 홈페이지(http://seoji.nl.go.kr)와
국가자료공동목록시스템(http://www.nl.go.kr/kolisnet)에서 이용하실 수 있습니다.(CIP제어번호: CIP2014000879)

성경 ⓒ 한국천주교중앙협의회 2005
교회 문헌 ⓒ 한국천주교중앙협의회
제2차 바티칸 공의회 문헌 ⓒ 한국천주교중앙협의회 2007

이 책은 저작권법에 의해 보호를 받는 저작물이므로 무단 전재와 무단 복제를 금합니다.

유경촌 주교가 풀어 쓴 가톨릭 사회 교리

21세기 신앙인에게

유경촌 지음

가톨릭출판사

일러두기

1. 이 글의 출처는 다음과 같습니다. 이 글들의 단행본 출간을 기꺼이 허락해 주신 '신학과 사상학회'와 '가톨릭대학교 사목연구소'에 깊이 감사드립니다.
〈信仰的 成熟에 관한 倫理神學的 小考〉(《司牧硏究》, Vol. 22, 2009)
〈제2계명과 새천년기의 윤리적 요구〉(《가톨릭 신학과 사상》, No. 32, 2000)
〈정의와 불의에 대한 교회의 가르침—"도둑질하지 못한다"(출애 20,15; 신명 5,19); "도둑질하지 마라"(마태 19,18)〉(《가톨릭 신학과 사상》, No. 37, 2001)
〈친환경적 민족공동체를 향한 윤리신학적 반성〉(《司牧硏究》, Vol. 11, 2003)
2. 이 책을 읽는 분들을 위하여, 각 논문의 제목들을 평이한 말로 바꾸고 작은 제목들을 첨가하였으며, 〈정의와 불의에 대한 교회의 가르침—"도둑질하지 못한다"(출애 20,15; 신명 5,19); "도둑질하지 마라"(마태 19,18)〉에서 '교황청 사회 문헌을 통해 살펴본 재물에 관한 교회의 가르침' 부분을 따로 분리하여 한 장(제4장)으로 만들었습니다.
3. 제5장 '친환경적 민족 공동체를 향하여'의 통계 관련 자료는 가능한 한 2014년에 가까운 시기의 자료로 업데이트했음을 밝혀 드립니다.

책을 펴내며

우리 신앙이 한 뼘 더 성숙하기를

여러 기회를 통해 성숙한 신앙인으로 성장하는 길을 가르쳐 오신 유경촌 주교님의 책을 펴낼 수 있게 되어 기쁩니다. 때마침 그분의 주교 서품식과 함께여서 더욱 기쁩니다.

주교님의 가르침은 우리 교우들이 꼭 듣고 실천해야 할 내용들입니다. 그러나 대부분의 글이 신학 전문지에 논문으로 발표되어서 일반 신자들은 이를 읽을 기회가 거의 없었고, 또 우연히 그 논문들을 접했다 해도 내용이 어려워 끝까지 정독하지 못했을 것입니다.

이런 분들을 위해서 저희 가톨릭출판사에서는, 주교님의 글 가운데 비교적 쉬우면서도 주교님의 생각 전체를 가늠할 수 있는 네 편의 논문을 골라서, 제목을 더욱 친근하고 쉽게 바꾸고 본문도 보기 좋게 편집하여 책으로 내놓았습니다. 그것이 바로 이 책 《21세기 신앙인에게》입니다.

첫 번째 글에서 주교님은 성숙한 신앙인에 대해 말씀하십니다. 주교님은 우리에게 더 이상 소시민적이고 개인주의적 신앙심에 안주해서는 안 된다며, 성숙한 신앙인이란 사람들을 더 이상 '남'이 아니라 '확대된 나'로 인식하고, 나아가 사람들만이 아니라 세상과 자연에 대해서까지도 그러한 개방적인 자세를 갖는 이라고 일깨워 주십니다.

두 번째와 세 번째 글에서 주교님은 과거와 현재를 오가는 놀라운 통찰력으로, 십계명의 두 번째 계명인 '하느님의 이름을 함부로 부르지 마라'와 일곱 번째 계명인 '도둑질을 하지 마라'라는 계명이 이 시대에는 어떤 의미를 갖는지 예리하면서도 폭넓게 설파하며 그 실천법을 제시합니다. 특히 두 번째 계명에서는 하느님과 사람 사이의 관계를 깊이 있게 통찰하여 그 현대적 의미를 가르치시며, 일곱 번째 계명에서는 우리가 가진 재물(財物)의 본질(本質)을 일깨우시며 정의(正義)와 불의(不義), 그리고 사랑 실천에 대한 현대적 의미를 알려 주십니다.

네 번째 글에서는 재물의 소유와 정의에 관한 교회의 가르침을 살펴보십니다. 1891년에 발표된 〈새로운 사태〉부터 1991년에 발표된 〈백주년〉에 이르기까지의 교황청 사회 문헌들에 나타난 교회의 가르침을 세세히 설명해 주십니다.

다섯 번째 글에서 주교님은 남북한 환경 문제를 국가적, 민족적인 견지에서뿐만 아니라 지구적 맥락, 인류 공동체적 맥락에서 진단하고 처방하십니다. 우주의 모든 피조물 또한 구원의 필요성과 당위성을 지닌 인간의 '형제자매'이므로, 환경 문제는 곧 우리의 신앙 문제라고 하십니다. 따라서 환경 파괴와 분단으로 고통받는 한반도의 실상은 우리 그리스도인에게 하나의 도전이자 신앙적으로 응답해야 할 주요 과제라고 하십니다.

  이 다섯 편의 글은 하나같이 성숙한 신앙인으로서 나아가야 할 방향을 제시합니다. 대부분의 사람들은 개인의 관심사를 넘어서는 일에 대해서는 무관심해지기 쉽습니다. 그래서 사람들은 책을 고를 때도 개인적 신심이나 영성, 개인적 위로나 힐링을 내용으로 하는 책을 선호합니다. 하지만 이러한 개인주의적 신앙심만으로는 성숙한 신앙인이 되기엔 부족하기에 주교님은 자신에게만 눈길을 두기 쉬운 우리에게, '나' 아닌 '다른 사람들'과 오늘 이 '사회'와 '자연 환경'에까지 전 지구적, 나아가 전 우주적 차원에까지 우리의 시선을 확대시킵니다. 이러한 시선 확대는 바로 우리 가톨릭 사회 교리의 정신이

기도 합니다.

이 책 외에도 가톨릭 사회 교리 관련 책들이 있긴 하지만, 대중 도서로서 이 책처럼 한 주제를 가지고 논리 정연하게 깊고 다각적으로 살펴보는 책은 거의 없습니다. 몸에 좋은 약이 입에 쓰듯, 이 책에서 무게감이 조금 느껴지더라도 이 책을 정독한다면, 하느님의 자녀로서 우리가 이 사회에서 꼭 실천해야 할 바를 한층 깊이 이해하게 될 것입니다.

이 책을 통해 우리 모두의 신앙이 한 뼘 더 성숙하기를 기도하는 마음입니다.

가톨릭출판사 사장 홍성학 아우구스티노 신부

홍 성 학

 목차

책을 펴내며 우리 신앙이 한 뼘 더 성숙하기를   5

1. 하느님을 용서한다고?   15

신앙의 어린아이   17
성숙한 신앙인이 되는 법   22
어린아이는 저절로 성장하지 않는다   33
낙숫물이 바위를 뚫는다   56

2. 하느님은 왜 당신 이름을 알려 주시고 함부로 부르지 말라고 하시는가?   59

십계명이 오늘날에도 유효한가?   61
이름이 가진 힘   64
하느님의 이름이 가진 의미   69
윤리 신학에서 보는 두 번째 계명의 의미   74
새롭게 조명해야 할 하느님의 법   87
십계명은 우리를 구원으로 이끄는 길   93

3. 일곱 번째 계명에 대한 21세기적 응답   99

일곱 번째 계명 다시 보기   101
재물이란 무엇인가?   107
일곱 번째 계명의 목표는 정의의 실현   115
새롭게 요구되는 생태 정의   133
가난한 이들에 대한 '사랑'은 계명의 완성   136
소유로부터 자유로운 신앙인의 삶   139

4. 교황청 사회 문헌을 통해 살펴본 재물에 관한 교회의 가르침   143

⟨새로운 사태⟩(1891년)   147
⟨사십주년⟩(1931년)   151
⟨하느님이신 구세주⟩(1937년)   153
⟨어머니요 스승⟩(1961년)   155
⟨지상의 평화⟩(1963년)   158
⟨사목 헌장⟩(1965년)   159
⟨민족들의 발전⟩(1967년)   161
⟨팔십주년⟩(1971년)   165
⟨세계 정의⟩(1971년)   166
⟨현대의 복음 선교⟩(1975년)   169
⟨노동하는 인간⟩(1981년)   170
⟨자유의 전갈⟩(1984년)   172
⟨자유의 자각⟩(1986년)   174
⟨사회적 관심⟩(1987년)   176
⟨백주년⟩(1991년)   179

5. 친환경적 민족 공동체를 향하여 183

오염과 파괴로 병든 한반도에서 185
반(反)생태적 남북 분단의 모습 189
왜 친환경적 민족 공동체인가? 205
민족의 전통적 생태 의식을 공유하는 한민족 212
하느님께서 만드신 좋은 세상 221
우리의 발걸음 249
하나의 생태계 256

주석 261

하느님을
용서한다고?

하느님을 용서한다고?

신앙의 어린아이

초보적인 교리를 떠나서

히브리인들에게 보낸 서간 5장 11절부터 6장 12절을 보면 그리스도교 신자들이 더욱 성숙한 경지로 나아갈 필요가 있음을 강조하는 대목이 나온다. 즉, 시간적으로 보았을 때 오랜 신앙생활을 한 이들이라면 이미 신앙의 교사(敎師)가 되어 있어야 마땅한데도 아직 하느님 말씀 가운데서 초보적인 요소를 다시 배울 필요가 있을 만큼 부족하다는 것이다. 어린아이는 젖을 먹고, 성숙한 사람은 단단한 음식을 소화해 낼 수 있듯이, 그리스도인들도 이제 더 이상 신앙의 어린아이에 머물러 있지 말고, 그리스도에 관한 초보적인 교리를 떠나서 성숙한 경지로 나아가야 한다.[1)]

견진성사가 신앙 성숙을 돕지만……

초대 교회 때부터 시작된 신앙적 성숙으로의 요청은 오늘날 그리스도를 따르는 신앙인들에게도 여전히 유효한 숙제다. 이 숙제를 잘 해결하도록 도와주는 성사가 바로 가톨릭교회의 견진성사(堅振聖事, sacramentum confirmationis)이기도 하다.

"견진성사로 신자들은 더욱 완전히 교회에 결합되며 성령의 특별한 힘을 받아 그리스도의 참된 증인으로서 말과 행동으로 신앙을 전파하고 옹호하여야 할 더 무거운 의무를 진다."[2)]

특별한 능력을 받고 그리스도의 증인이 되어 신앙을 전파할 무거운 책임을 진다는 것은 그만큼 '신앙적 성숙함'을 전제로 한다. 성숙하지 못한 상태에서는 그리스도를 증거할 수도, 그에 대한 책임을 질 수도 없기 때문이다. 그래서 때로는 견진성사를 "그리스도인의 성숙을 위한 성사"[3)]라고 칭하기도 한다.

하지만 견진성사를 받았다는 사실만으로 누구나 신앙적 성숙의 목표에 자동적으로 도달할 수 있는 것이 아님은 자명하다. 견진성사를 통해 받은 은총을 꾸준히 잘 관리하여 열매를 맺도록 하기 위해서는 개인의 노력도 중요하기 때문이다. 그렇지 않다면 히브리인들에게 보낸 서간의 말씀처럼, 때가 되었는데도 성장하지 못하고 초보적인 원리조차 다시 남에게서 배워야 할지도 모른다. 그런 점에서 신앙적 성숙의 요청은 그리스도 안에 살아가는 모든 신자에게 주어진 부르심(聖召, vocatio)이기도 하다.

신앙과 함께 자라는

그런데 신앙적 성숙이라는 것은 일반적인 인간의 인격적 성숙과 무관하게 이루어지는 것이 아니다. 보통 인격적으로 성숙한 인간이라고 말할 때, 그것은 심리적 내지는 정서적 균형과 사랑할 수 있는 능력, 자유와 책임 의식, 올바른 인생관과 건전한 대인 관계의 능력 등을 갖춘 경우를 말한다.[4]

물론 인격적 성숙은 어느 정도 신체적 성숙이나 정신적 성숙과도 결부되어 있다. 어느 정도 신체적이고 정신적인 성숙의 연령에 도달해야 그만큼 경험이나 연륜도 차서 인격적 성숙도 무르익을 수 있는 기반이 마련되기 때문이다. 신앙도 결국은 살아 있는 사람들의 삶을 전제하는 것이므로, 육체적·정신적 차원을 아우르는 인격적 기반은 신앙의 체험과 성장을 위해서도 중요하다고 볼 수 있다.

인격적 성장이라는 바탕 위에

물론 인격적 성숙이 반드시 신체적 성숙과 정비례하는 것이 아님은 더 말할 나위가 없다. 겉으로 보이는 몸의 차원에서는 어른이지만 보이지 않는 마음과 정신의 차원에서는 어린아이만도 못한 어른이 있을 수 있기 때문이다.[5] 또한 신앙적 성숙이라고 하는 것도 반드시 나이나 육체적 성숙 정도와 맞물려 있는 것이 아님을 일상의 경험을 통해서도 잘 알 수 있다.

우리나라의 유대철(劉大結(베드로), 1826~1839) 성인은 만 13세에 신앙을 위해 목숨을 바쳤고,[6] 이탈리아의 도미니코 사비오(Dominico Savio, 1842~1857) 성인은 만 15세까지의 짧은 생애를 살다 갔으면서도 성덕의 모범을 강렬하게 남겨 주었다.[7]

이런 특별한 예를 보면 신앙적 성숙과 나이가 필연적 관계에 있지는 않다고 말할 수 있다. 하지만 일반적인 견지에서는 인간적·인격적 성장의 과정이 신앙적 성숙을 위해서도 필요하고 중요하다는 점을 쉽게 무시할 수 없다.

이 글에서는 '성숙함'의 특징을 인격적인 측면과 신앙적인 측면에서 간략히 살펴보고, 특별히 신앙적 성숙이란 하느님의 무한한 사랑을 받아 누리고, 동시에 그 사랑의 힘을 바탕으로 인간적인 응답을 해 나가는 가운데 실현되는 구조라는 사실에 중점을 두어 살펴보고자 한다.

성숙한 신앙인이 되는 법

일반적으로 볼 때, 육체적으로나 인격적인 성숙이 함께 갈 때 비로소 건전한 신앙적 성숙도 고려해 볼 수 있다. 누구나 어린 시절을 거쳐 어른이 된다. 철들어 어른이 된다는 것과 더 나아가서 신앙적으로 성숙한 그리스도인이 된다는 것은 서로 어떻게 다르고 구체적으로 무엇을 의미할까? 인격적 성숙과 '그리스도인의 신앙적 성숙'(Maturitas christiana fidei)의 연관성 내지는 공통 구조를 세 가지 측면에서 살펴보자.

배려하고 사랑한다

어린아이의 특징은 모든 것을 자기중심적으로 보고 느끼는 것이다. 이기적이고 참을성이 없으며 단순하다. 하지만 어른이 되어 가면서는 자기만이 아니라 다른 사람도 배려할 줄 알게 된다. 자기만의 폐쇄적 울타리를 벗어나 점점 이웃을 향해 개방적이 되는 것이다. 사춘기에 접어들면서 더욱 생각이 깊어지고 사물과 세상에 대해 자기를 객관화할 줄 알게 된다. 때때로 자기 뜻대로 되지 않더라도 참고 인내하는 법도 배우게 된다. 타인을 생각하고 배려할 줄 아는 마음은 급기야 그를 사랑하는 마음으로까지 발전해 간다. 즉, 누군가를 '사랑할 수 있다는 것'은 인격적 성숙의 증거라고 말할 수 있다.

사랑은 맛있는 것이나 좋은 것이 있으면 함께 나누고 싶게 만든다. 이는 어렸을 때 그 모든 것을 혼자 독차지하고 싶어 했던 '이기적 자아'와는 분명 달라진 모습이다. 이러한 사랑은 급기야 배우자를 만나 가정을 꾸리도록 하고, 그가 가진 모든 것, 시간과 생명까지 나눌 수 있게 한다. 그리고 더 나아가서 이 사랑은 부모나 자식에게만이 아니라 가정이라는 울타리를 넘어서 사회와 세계로까지 확대되어 갈 수 있다. 사랑의 마음이 나눔을 가능하게 하고, 이웃에 대해 개방적인 태도를 갖게 한다.[8]

'남'을 '나' 자신으로 느낀다

신앙적으로 성숙한 사람은 타인에 대한 배려의 깊이가 깊은 사람이라고 할 수 있다. 타인에 대한 사랑이 하느님으로부터 샘솟는 것이기 때문에 그가 나누는 사랑은 곧 하느님에 대한 봉헌으로 연결된다. 즉, 이웃에게

뿐만 아니라, 하느님에 대해서도 자신을 개방하게 되며 하느님에 대해 열린 자세를 갖게 된다. 단순히 자신만을 생각하는 것이 아니라 타인을 생각하는 것이 곧 자기 자신을 생각하는 것이고 위해 주는 것이라는 것을 깨닫는다. 그것은 곧 '남을 남이라 여기지 않고 나 자신으로 느끼는 것'이다.

어렸을 때는 단지 자기의 몸을 중심으로 그것이 곧 '자기'라고 느끼지만, 신앙의 차원에서는 모든 사람을 '확대된 자기 자신'으로 여기는 법을 배워 나간다. 이러한 배움 여정의 끝은 모든 사람을 '타인'이 아니라 나의 부모나 자식, 곧 가족으로 느끼는 것이다. 남과 나 사이의 경계가 없어지고 오직 '확대된 나'만이 존재하는 경지와 같다. 그래서 이웃의 슬픔과 고통이 곧 나의 아픔이기에 도와주고 짐을 함께 지려는 마음을 갖는 것이다. 이웃이 기쁠 때 나도 같이 기쁨을 느낄 수 있는 것도 같은 맥락에서 가능하다. '남'이라는 개념이 그리스도인의 사전에는 더 이상 존재하지 않게 되는 것이다.

이 경지에 이르면 '참된 사랑'이 무엇이고 '하느님의 사랑'이 무엇인지 깨닫게 된다. 여기서 나눔의 생활이 자연스럽게 나오게 된다. 사랑하는 이와 나누지 않고는 견디지 못하는 것이다. 그것이 바로 사랑의 속성이기 때문이다. 그래서 제2차 바티칸 공의회도 이러한 맥락에서 "모든 사람은 저마다 이웃을 어떠한 예외도 없이 또 하나의 자신으로 여겨야 하고 무엇보다도 이웃의 생활을 고려하여 그 생활을 품위 있게 영위하는 데에 필요한 수단들을 보살펴야 한다."[9]라고 강조하였던 것이다.

"네가 자선을 베풀 때에는 오른손이 하는 일을 왼손이 모르게 하여라."(마태 6,3)라는 예수님 말씀의 실천은 이런 기본 처신에서만 가능한 일이다. 그렇지 않으면 자선이 단순히 자신을 과시하는 수단으로 전락할 수 있기 때문이다. 하느님의 마음으로써 사람을 보기에 '모두가 하느님 안에 한 형제자매'이고 한 가족이고 하나임을 알고 처신하는 것이다.

나눔도 지구적 차원으로!

여기서 더 생각해 볼 일은 우리의 사고를 '지구적'(global)으로 확대시키는 것이다. 나눔도 지구적 차원으로 성숙되어야 한다. 자기가 속한 작은 공동체의 울타리를 뛰어넘어 다른 집단이나 다른 국가, 다른 민족, 또는 다른 종교나 다른 인종에 속한 사람에게까지 하느님 안의 한 형제자매로서의 가족애를 느끼는 것이다. 사실 그것은 쉬운 일이 아니다. 그러나 예수 그리스도의 마음과 정신은 그런 인간적인 경계와 울타리를 다 뛰어넘는 열린 삶이었던 것이 분명하다.[10]

오늘날 그러한 박애적 그리스도교의 정신을 실천하기 위해 여러 가톨릭 단체들이 활발히 활동하고 많은 그리스도인들이 적극적으로 여기에 참여하는 것도 모두 같은 맥락이라고 할 수 있다.[11]

모든 사람을 다 끌어안는 '하나' 의식(意識)은 인간 세계 안에만 국한시켜 해석해서는 그 참된 의미가 온전히 드러나지 않는다. 성숙한 신앙심의 발로(發露)인 이타적 삶의 범주에는 인간뿐만 아니라 세상과 자연에 대한 개방적인 자세도 포함되어 있다. 인간만을 생각하는 것이 아니라 하느님의 공동 피조물인 자연도 배려한다. 하느님 안에 산다고 할 때, 자연스럽게 자연을 존중하고 아끼는 마음도 들게 된다. 즉, 자연에 대한 사고도 지구적이 되는 것이다.[12]

보이지 않는 차원까지 고려한다

어렸을 때는 보이는 차원에 집착한다. 눈에 보이는 것이 아이의 인식 세계의 거의 전부를 차지한다. 그래서 단순히 외적인 것이 좋고 나쁨의 판단 기준이 된다. 그러나 아이는 사춘기에 접어들면서 생각이 깊어지고 성인기에 이를수록 점점 더 보이지 않는 차원까지 고려할 줄 알게 된다. 외형만이 아니라 그 속에 숨은 가치와 의미도 중요해지고, 보람이나 효과를 따져 볼 줄도 알게 된다. 말하자면 삶이 가시적인 차원으로만 되어 있는 것이 아니라, 눈으로 볼 수 없는 비가시적 차원으로도 이루어져 있음을 알게 되는 것이다.[13]

그리스도인이 된다는 것은

그런데 인간이 인생의 비가시적 차원에서 다다를 수 있는 가장 지고한 영역이 바로 종교라고 할 수 있다. 이런 인식이 종교적 영역으로까지 확대되어 하느님과 연결되면, 즉 하느님을 만나게 되면 진정한 행복인 하느님과의 일치를 위해 그 밖의 다른 모든 것들을 '쓰레기처럼' 여기게 된다.[14] 물론 현세적인 모든 일을 무시하고 염세주의자나 비관주의자가 되는 것과는 차원이 다르다. 오히려 적극적으로 현세의 생활을 하면서도 현세와 거리를 두는 것을 뜻한다.

하느님의 눈으로 볼 때, 재산의 획득, 결혼, 물건의 매매, 공부, 그림 그리기 등 인간의 모든 활동이란 자기 영혼의 구원이라는 최고의 마지막 목적을 위한 수단에 불과하기 때문이다. "사람이 온 세상을 얻고도 제 목숨을 잃으면 무슨 소용이 있느냐?"(마르 8,36) 그러나 이런 식의 삶의 태도는 아주 무모한 모험처럼 보인다. 도대체 무엇을 믿고 손에 잡히지도 않고, 볼 수도 없는 하느님께 내 삶의 모든 가치와 노력을 걸 수 있단 말인가?

그리스도인이라는 것은 바로 이 차원의 삶을 사는 사람을 말한다. 그래서 굉장히 고상한 차원이기도 하다. 수준이 높은 생활이다.[15] 따라서 이런 경지에 도달하지 못하면 신앙인이라 해도 아직 성숙하지 못한 신앙생활을 하고 있는 것이라 말할 수 있다. 마치 몸은 다 성장했지만 아직도 정신적으로 미성숙한 '어른 아이'처럼, 신앙생활은 오랫동안 했는데 정작 그 알맹이가 없는 것과 마찬가지인 것이다.

자신을 있는 그대로 담담하게 바라볼 수 있어야

어렸을 때는 자신의 부족함을 친구들과 비교하여 열등감에 빠지기도 하고, 반대로 좀 잘하는 것이 있으면 쉽게 우쭐해지고 과시하고 싶어한다. 특히 자신의 부족함이나 초라함, 즉 자신의 처지나 집안 환경에 대해서는 쉽게 부모를 원망하고 미워하기도 한다.

하지만 인간이 내적으로 성숙해진다는 것은 자신의 열등감이나 우월 의식을 쉽사리 자신과 동일시하기보다는, 자신의 정체성을 뚜렷이 하고 자신을 있는 그대로 담담하게 바라볼 수 있게 되는 것을 의미한다. 자신의 장점을 너무 과장하거나 과시하지 않고, 반대로 자신의 단점을 부인하려고 하지도 않는다. 이것은 부모의 장점과 한계를 인정하고 용서하는 것을 의미하기도 한다.

하느님을 용서한다?!

신앙적 측면에서도 이런 균형 잡힌 자세가 필요하다.

자신의 죄스러움으로 인해 자신을 너무 학대하거나 하느님의 용서를 받아들이지 않는 자세도 바람직하지 않지만, 다른 한편으로 자신의 부족함을 인정하고 겸손하기보다는 오히려 죄가 없다고 부정하거나 모든 것을 하느님의 탓으로 돌리려는 태도도 문제라고 하겠다.

그런데 인격적 성숙이 신앙으로 연결되어 하느님 앞에서 균형 잡힌 태도를 갖게 되면 우리는 하느님까지도 용서해 드릴 수 있게 된다. '하느님을 용서해 드린다'는 표현이 어폐가 있겠지만, 이 말은 하느님에 대한 원망이나 미움, 섭섭함 등을 극복하는 것을 뜻한다.

왜 하느님이 나를 이렇게밖에 만드시지 않으셨을까? 왜 나에게 이런 고통을 허락하셨을까? 내가 하느님께 그렇게 열심히 기도하고 정성을 다했는데 나에게 돌아온 결과는 왜 이것밖에 되지 않을까? 세례 받고 열심히 살았는데, 오히려 사업은 망하고 사랑하는 남편이, 부인이, 부모가, 자식이 불치의 병으로 고통당하는 것을 어떻게 이해할 수 있을까? 이런 종류의 질문들을 우리는 신앙생활 속에서 자주 만날 수 있다. 그리고 그러한 현실에 대한 명쾌한 즉답을 찾지 못하는 경우가 많다.

하지만 신앙적으로 성숙한 경지에서는 그렇다고 하더라도 하느님의 자녀로서 누리게 될 축복에 오히려 감사할 수 있다. 닥쳐온 고통이 산더미처럼 크다고 하더라도 함께 짐을 나눠 지시고 십자가의 길을 가시는 그리스도를 만날 수 있다. 자신이 짊어지고 있는 현재의 고통과 십자가에 대한 해답이 바로 예수 그리스도께서 짊어지신 십자가임을 묵상하며 묵묵히 하느님 앞에 겸손할 수 있게 된다.

어린아이는 저절로 성장하지 않는다

어린아이는 저절로 인격적으로 훌륭한 성인으로 성

장하는 것이 아니다. (위로부터의) 지속적인 보살핌과 자신의 노력이 필요하다. 어린아이가 어른으로 성장하기까지 부모의 사랑과 보살핌은 절대적이다. 만일 부모가 그 역할을 수행할 수 없다면 다른 누군가라도 대신해 주어야지만 아이는 생존할 수 있다. 의식주를 돌봐 주어야 하고, 교육을 책임져 줘야 한다.[16]

교육 문제 하나만 생각해 보아도, 인간이 어른이 되기까지 얼마나 긴 교육 과정을 거쳐야 하고 많은 공부가 필요한지를 알 수 있다. 우리나라의 경우, 초등학교 6년, 중·고등학교 6년, 그리고 대학교 4년을 합하면 16년인데, 요새는 대학원까지 책임져야 하는 경우가 많아졌으니 그것까지 포함하면 18년이란 긴 세월 동안 아이를 공부시켜야 한다. 게다가 학원과 과외까지 포함하면 정말 부모 노릇하기가 쉬운 일이 아니다. 그런데 그런 모든 뒷바라지를 통해야지만 한 사람이 비로소 어른으로 성장해 갈 수 있다.

아이의 건강도 성인으로 커 가는 데 있어서 빠뜨릴 수 없는 요소다. 건강하기 위해서는 그 시기에 요구되는 적당한 신체적 단련도 반드시 필요하다. 건전한 인격을 만드는 데 있어서 건전한 대인 관계를 유지하는 능력을 갖는 것도 중요하다. 그러니 자녀가 좋은 교우 관계를 유지할 수 있도록 어렸을 때부터 부모가 세심하게 배려할 필요가 있다.

하느님의 은총과 우리의 노력이 함께해야……

그렇다면 신앙적으로, 그리고 그리스도인으로서 성숙에 이르는 비결은 무엇일까? 이 물음에 대해서는 인간적인 성장의 과정과 마찬가지로 쉽게 생각해 볼 수 있다. 인격적인 성숙은 영적 성숙의 바탕이 된다. 그래서 인격적으로 훌륭한 기본 조건을 갖추는 것은 현세적인 행복과 자기완성을 위해서뿐만 아니라, 신앙적 성숙과 하느님과의 일치를 위해서도 중요한 전제 조건이 된다.

어린아이가 인격적으로 훌륭한 성인으로 성장하기 위해서는 (부모와 교사로부터의) 지속적인 보살핌과 자신의 노력이 필요한 것과 마찬가지로, 종교적·신앙적 성숙도 저절로 이루어지는 것이 아니라 (위로부터의, 하느님의) 지속적인 보살핌(은총)과 우리 자신의 노력(자유)이 뒤따를 때에만 가능한 것이다.[17]

사랑받는 사람들
하느님에게서 사랑받고 있다는 사실을 깨닫는 것

아이의 성장을 위해서 부모의 사랑이 절대적이듯이, 그리스도인의 신앙적 성숙을 위해서는 하느님의 사랑이 절대적일 수밖에 없다. 인간의 힘만으로는 성숙한 신앙인이 될 수 없다. 그리스도인의 신앙을 키워 주시는 분은 곧 하느님 자신이시기 때문이다.[18]

"그리스도께서는 우리가 성장하도록 돌보신다. 우리의 머리이신 그리스도께서는 우리가 당신을 향해 자라도록 하시기 위하여 당신 몸인 교회 안에 여러 가지 선물들과 서로 다른 봉사직을 주심으로써 우리가 구원에 이르는 길에서 서로 돕도록 하신다."[19]

그래서 그리스도인은 그분의 사랑을 많이 받아야 할 필요가 있다. 그리고 그분이 자신을 이렇게 많이 사랑하고 계신다는 사실을 깨닫는 것이 중요하다.

이 점에서 대부분의 신자들이 착각하기 쉽다. 그리스도인으로 사는 것이 자신이 얼마나 많이 사랑을 실천하는가에 달려 있다고 믿는 것이 그렇다. 물론 그 말이 틀린 것은 아니다. 그러나 신자들이 사랑을 실천하기 위해서는 선행(先行)되어야 할 것이 있다. 그것은 바로 하느님이 자신을 사랑하고 계신다는 사실을 체험하는 것이다.

'내가 하느님으로부터 사랑받고 있다'는 사실을 깨닫는 것이 바로 영성 생활의 시작이요 끝이며 전부라고까지 말할 수 있을 만큼, 이것은 그리스도인에게 아주 중요하다.[20] 그분의 사랑이 내 마음에 전달되어 나를 감동시킬 때, 내 마음은 저절로 사랑하지 않고는 못 배기게 되기 때문이다. 그것 없이 사랑하려고만 한다면, 내 사랑의 그릇은 곧 바닥을 드러내고, 나는 지쳐 쓰러지고 말 것이다. 요한 사도가 힘주어 말한 것이 바로 이 점이다.

"그 사랑은 이렇습니다. 우리가 하느님을 사랑한 것이 아니라, 그분께서 우리를 사랑하시어 당신의 아드님을 우리 죄를 위한 속죄 제물로 보내 주신 것입니다."(1요한 4,10)

그런데 하느님의 사랑에 주목하기보다는 죄책감에서 스스로가 하느님의 사랑을 받기에 합당하지 않다고 예단해 버리는 경우도 있다. 하느님은 용서하시는데, 오히려 사람들 자신이 스스로를 용서하기 어려워하는 것이다.[21]

하느님이 안타까워하는 상황

여기에는 다른 요인들이 작용하기 때문에 문제의 해결이 더 어려워지기도 한다. 예를 들면, 편향된 하느님관을 지니는 경우다. 하느님을 엄격하고 무서운 아버지와 같이 생각한다면 하느님의 용서를 인정하기 어렵다.

또한 사람들이 마음에 어떤 응어리를 간직하고 있을 때에도 하느님이 자신을 사랑하신다는 사실을 인정하고 체험하기가 쉽지 않다. 내가 큰 잘못을 하고서도 그것을 인정하지 않겠다고 마음의 문을 닫아 버리거나 남을 용서할 수 없다는 굳은 마음을 고집할 때 하느님의 사랑이 나에게 스며들기 어렵다.

하느님은 나를 용서하시는데, 오히려 내 자신이 스스로를 용서하지 못하고 하느님의 용서도 받아들이지 못하는 것이다.

여기서 알 수 있는 것은 하느님은 인간을 무조건적으로 사랑하시어 그 사랑을 무차별적으로 쏟아부어 주시지만 그 사랑을 자신 안에 받아들일지 거부할지는 결국 인간 각자의 몫이라는 사실이다. 결국 인간의 자유로운 결단과 의지가 문제가 되는 것이다.

사람들이 마음의 문을 굳게 닫고 그분의 사랑을 거부할 때 그분은 무력할 수밖에 없으며 그분에게 그런 상황은 안타까울 수밖에 없다. 인간에게 사랑을 부어 주시는 것이 그분의 은총이라면 그 은총을 수락하는 것은 인간의 자유이고, 각자의 노력에 달려 있다.

신앙적으로 철이 든다는 것

하느님의 사랑을 깨닫는 것이 영성 생활의 시작이요 끝이며 전부라고도 할 수 있다. 그것이 바로 성숙한 신앙인의 모습이기도 하다. 따라서 신앙생활은 곧 하느님의 사랑을 깨달아 가는 과정이다. 처음엔 몰랐는데 철이 들어 가다 보니 알게 되는 것이다. 그분이 처음부터 줄곧 자신을 사랑하고 계셨다는 것을 말이다.

그것은 마치 어린아이가 성장하여 어른이 된 뒤에, 부모의 심정을 조금씩 깨닫게 되는 것과도 같다. '그때 우리 부모님이 나 때문에 그렇게 고생하셨고, 나를 위해서 그런 많은 일들을 해 주셨구나, 그토록 나를 사랑하셨구나.' 하는 깨달음과도 비슷하다. 따라서 신앙적으로 '철이 든다'는 것은 하느님의 사랑을 더 잘 알아 가는 것과 조금도 다르지 않다.[22]

님 안에 쉬기까지는

일찍이 히포의 주교 아우구스티노 성인(Augustinus Hipponensis, 354~430)은 자신의 저서 《고백록》에서 다음과 같이 유명한 말을 남겼다.

"당신을 기림으로써 즐기라 일깨워 주심이오니 님 위해 우리를 내시었기에 님 안에 쉬기까지는 우리 마음이 착잡하지 않삽나이다."[23]

그리스도인의 존재론적 처지를 단적으로 잘 표현해

주는 말이라고 생각한다. 인간이 주님 안에 쉴 수 있기까지는 참으로 모든 것이 다 불완전할 뿐이며 오직 그분 안에만 참된 행복이 있음을 고백하는 말이다.

아우구스티노 성인이 인간의 참된 기쁨과 행복을 영적이고 내적인 차원에서 찾아야 함을 강조한 것이라면, 이와는 대조적으로 현대 물질 문명에서는 인간의 행복과 기쁨의 가치를 인간의 '소유'에서 찾고 있다. 행복의 비결은 우리의 쾌락을 조절하는 대신에 기쁨을 증가시키는 데 있다. 그것을 방해하는 것은, 우리가 더 많은 물건을 사도록 만들기 위해 욕망을 증가시키려고 하는 일종의 판매 전략이다. 즉, 소유하지 못할 때 불행하다고 느끼게 만드는 현대의 풍조가 문제다. 행복해지기 위해서 더욱 많은 물건이 필요하다고 여길수록 사람에게는 실망과 절망의 기회가 더욱 늘어 간다.

일의 목적을 전폭적으로 인정하는지 자주 질문한다

참된 휴식이란 일상생활을 검토하기 위해, 마치 화가가 한 발짝 뒤로 물러서서 자기의 그림을 바라보는 것처럼 그렇게 자기의 일로부터 거리를 두는 데서부터 시작한다.[24] 신앙생활을 위해 우리도 그런 시간과 결단이 필요하다.

일손을 멈춘 채, 왜 그 일을 하고 있는지, 일의 목적에 대해 마음속으로 전폭적인 인정을 하는지를 자주 질문하지 않는다면 노동에서 참된 만족을 얻을 수 없다. 어떤 직업이든, 그것을 영원성이라는 관점에서 바라본다면 차원이 높아지고 신성한 의미를 발견해 낼 수 있다.

그런 맥락에서 일주일에 적어도 하루는 일을 쉬고 하느님께 봉헌하도록 한 신앙생활의 구조는 불가피하게 쉼을 필요로 하는 인간의 견지에서 보더라도 아주 옳다.[25] 그런데 우리는 이것을 잘 실천하지 못한다. 주일 미사에 참여하는 것이 종종 단순한 의무의 이행 차원으

로 전락해 버리고 만다. 주일 미사를 빠지면 그저 뭔가 찜찜하다고 느낄 뿐이다.[26]

모든 행위는 하느님으로부터 가치를 부여받는다

인간은 참으로 멀리 내다보지 못한다. 하루도 쉬지 않고 자기를 혹사한다면 자기 몸이 얼마 버티지 못할 것이다. 인간의 지혜, 능력도 하느님으로부터 받은 것인데, 그분이 주시지 않으면 우리는 아무것도 할 수 없다.

우리가 하루를 하느님 안에서 쉴 때, 우리가 일하면서 다루었던 재료들이 그분의 손에서 나왔고, 우리한테 떠올랐던 아이디어들이 그분의 더 높은 원천에서 나온 것이며, 우리가 사용한 바로 그 에너지가 하느님의 선물임을 스스로 되새길 수가 있는 것이다. 모든 행위는 하느님으로부터 그 가치를 부여받는다는 사실을 올바른 쉼, 휴식이 우리에게 가르쳐 준다.

진정한 그리스도교의 휴식

현대인의 불안은 대부분 그들이 왜 여기 있는지도, 어디로 가는지도 모를 뿐더러 그 문제를 해결하기 위한 시간이나 여유를 내기조차 어려운 데서 기인한다. 그리스도교가 가르치는 휴식은 노동을 그만두는 것이라기보다는 오히려 죄와 탐욕이 초래하는 불안으로부터 벗어나는 것이다.[27] 따라서 그리스도교의 휴식은 단순히 일을 하지 않는 것보다는 라디오나 텔레비전 등으로부터 오는 각종 소음을 피하고, 고요함과 침묵의 기도 안으로 침잠하는 시간과 행위를 포함한다. 그리스도교적 성숙함이 꽃필 수 있는 시간과 과정이 바로 이와 같은 '쉼' 안에 들어 있다고 말할 수 있다.

사랑하는 사람들
고통과 시련이 신앙을 키운다

하느님의 사랑을 조금씩 깨달아 가는 과정이 우리 신

앙의 여정이라면, 우리는 그것을 '십자가의 길'이라고 부를 수 있을 것이다. 나에 대한 그분의 사랑이 내 안에 쏟아져 들어오려면 먼저 내 안을 비워야 하기 때문이다. 내 안을 온갖 것들로 가득 채워 두고서는 하느님의 사랑을 담을 수가 없다.

이 비우는 작업이 무엇인가? 이것은 나 자신의 무화(無化)를 뜻한다. 나를 비운다는 것이 어찌 쉽겠는가? 그러니 이것들을 비워 내는 고통스러운 과정은 십자가의 길이 아닐 수 없다. 그래서 우리는 인간이 마주할 수밖에 없는 고통과 시련들을 십자가라고 부른다.

예수님께서 "누구든지 내 뒤를 따라오려면, 자신을 버리고 날마다 제 십자가를 지고 나를 따라야 한다."(루카 9,23)라고 하신 말씀은 바로 이 십자가를 지고 가는 과정을 의미한다. 하지만 십자가의 길 끝에는 부활의 영광이 기다리고 있다. 십자가를 통해 부활에로 건너가는 것을 우리는 신약의 새로운 '파스카'(Pascha)라고 부른다.[28]

내가 십자가를 짊어질 때, 내가 비워진 그 자리에 하느님의 사랑이 가득히 밀려들어 온다.

하느님 사랑이 내 안에 들어오려면

그런데 여기서 중요한 사실은, 사람들이 십자가의 길을 갈 때, 하느님을 위해 고통까지도 감수할 때, 하느님의 사랑도 나에게 스며들어 와 십자가를 짊어지는 나의 팔을 떠받쳐 준다는 점이다. 즉, 고통 속에서 하느님의 사랑이 오히려 드러난다는 것이다.

그것은 마치 내가 아무리 힘들어도 누군가가 나를 알아주고 인정해 주고 사랑해 준다는 믿음이 있을 때는 그 고통을 감당할 수 있게 되는 것과도 같다. 남편의 사랑을 받으면, 엄마 노릇이나 며느리 노릇 또는 아내 노릇이 쉬워지는 것과도 같다. 고통 속에서도 기쁨을 유지할 수 있는 것은 바로 하느님의 사랑을 받기 때문이다.

하느님의 사랑이 내 안에 들어오려면 나를 비워야 하

고, 그것이 십자가의 길이라면 십자가의 고통은 하느님의 사랑을 깨닫기 위한 선행 조건이기도 하다. 그런데 다시 그 십자가를 감당할 수 있는 이유가 하느님의 사랑 때문이라니, 이것은 논리적인 모순처럼 보인다.

하지만 더 정확히 표현하자면 이것은 시간적인 선후(先後)의 문제가 아니다. 오히려 동시 발생적이라는 표현이 더 맞다. 작은 것이라도 하느님을 위해 스스로 십자가를 걸머질 때, 그 자체로 기쁨과 행복을 얻을 수 있게 되기 때문이다. 신앙인이 더 많이 자기 자신을 비울수록, 그래서 자신의 고통의 무게가 더 무거울수록 그만큼 쏟아져 들어오는 하느님의 사랑도 클 수밖에 없다.

신앙생활에서 아무 기쁨도 느끼지 못한다면

그러니 지금 하느님의 사랑에 대해서 별 체험도, 느낌도, 깨달음도 없다면, 먼저 자기 자신을 살펴볼 필요가 있다. 신앙생활에서 아무 기쁨도, 행복도 얻지 못한다고 느낀다면 그것은 마음에 여전히 자기 자신만이 가득 차 조금도 그것들을 들어내려고 시도하지 않기 때문이라고 볼 수 있다. 하느님도 스스로 돕지 않는 사람 앞에서는 무력하시다.

하늘나라에서 하느님의 좋으심을 직접 보고 누리게 될 때까지 십자가가 지닌 큰 뜻을 완전히 깨닫기는 어려울 것이다. 하느님은 여러 가지 십자가를 당신 자녀들에게 허락하신다.

인간이 충실하게 하느님을 섬긴다고 해도 때때로 기대에 어긋나는 일이 생길 수 있다. 하지만 예수 그리스도께서 그 십자가의 길을 가셨듯이, 비록 그 신비를 다 이해하고 알아들을 수 없다 하더라도 묵묵히 그 길을 감으로써 인간은 십자가의 신비로부터 오는 해답을 얻을 수 있게 된다.[29]

삶에서 가장 큰 즐거움을 이끌어 내려고 한다면, 각종 즐거움은 서열대로 정돈이 되어야만 한다. 산꼭대기에서 내려다보아야 전망이 제일 좋다. 하지만 거기에 도달하기까지의 길은 무척 험난하다. 영예로운 기쁨을 얻기 위해서 합법적인 쾌락마저 일부 스스로 포기한 사람만이 완전한 행복을 이해한다.

영적 영양 공급을 위한 노력

하느님의 사랑을 깨닫고 기뻐하기 위해서 십자가가 필수적이라는 얘기는 신앙에서만 통하는 얘기가 아니다. 건전하고 굳건한 인격을 갖춘 성인(成人)으로 바로 서기 위해서도 성장 과정에서 여러 수고와 어려움들을 감수하지 않으면 안 되기 때문이다. 공부하는 일, 사춘기적 불안과 회의의 극복, 부모나 가족 간의 갈등 극복, 질병의 극복 및 건강 유지를 위한 체력 단련 등, 한 인간이 성인이 되기까지 넘어야 할 과정이 결코 간단한 것은 아니다.

마찬가지로 하느님과의 관계에서도 이와 유사한 단

련의 과정이 필요하다. 사람들이 육체적 건강을 위하여 몸에 좋다는 음식을 먹고 운동을 하듯이, 신앙인들은 하느님 자녀로서의 영성적 건강을 위하여 얼마나 많은 영적 양분을 섭취하고 영성적 수련에 나서고 있는지를 곰곰이 생각해 볼 필요가 있다.

만약 어떤 어린아이가 초등학교에서 한글만 겨우 배우고 나서 더 이상 아무 공부도 계속하지 않는다면 어떻게 되겠는가? 한글을 익힌 것은 그야말로 공부하기 위한 기초를 마련한 것이고, 작업에 필요한 도구를 장만한 것에 지나지 않는다.

신앙도 마찬가지다. 예비 신자 교리를 받고 세례를 받은 것은 신앙의 기초를 마련한 것일 따름이다. 그런데 기초를 놓는 것이 거의 최종 목적지에 도달한 것인 양 세례 이후의 자기 관리에는 거의 신경을 쓰지 않는다면 한글만 익히고 나서 책을 읽지 않거나 글을 전혀 쓰지 않는 사람과 다를 바가 없다.

신앙적 에너지를 충전시키는 일은 신앙에 관한 지속적인 공부를 통해서 이루어진다. 성경을 읽고 묵상하며 성인(聖人)들의 삶에 관심을 기울이고 교회의 다양한 교육과 피정 등에 참여하는 일들은 바로 '영적 영양 공급'에 해당한다. 이와 같은 노력을 등한시한다면 사람들은 그야말로 신앙의 영양실조에 걸리고 말 것이다. 참으로 많은 현대인들이 오늘날 육체적 비만으로 인해 고생하고 있지만, 역설적이게도 다른 한편으로는 영적인 영양실조와 목마름에 허덕이고 있다고 하겠다.[30]

신앙 성숙도 되풀이의 비법으로!

많은 실패를 경험하더라도 포기하지 않고 자신을 극기하고 덕성을 함양함으로써 인격적 성숙에 도달할 수 있다. 되풀이하지 않으면 안 되는 것은 아마도 인간의 유한성 때문일 것이다. 인간이 처음부터 완전한 존재가 아니기 때문이다.

그러나 무수한 반복적 행위를 통해서 생명을 이어 나가고 위대한 창조를 이루기도 한다. 고금에 이름을 날린 모든 위대한 천재나 학자, 명인, 예술가들은 저마다 탄복할 만한 업적이나 작품을 남겼지만, 그들도 셀 수 없는 되풀이의 비법을 통해 그렇게 할 수 있었다. 연주자가 어떤 곡을 연주할 때 수천 번이라도 그 곡을 되풀이하여 연습함은 물론이다. 연주가만이 아니라 어떤 일이라도 반복 연습은 필요하다.

신앙의 성숙을 위한 길에서도 이와 같은 반복적인 훈련과 인내가 중요하다. 신앙의 모범으로 우리가 공경하는 성인들도 사실은 이 되풀이를 통해서 성덕(聖德)에 도달한 사람들이다. 그들이라고 해서 처음부터 죄도 짓지 않고 완전한 사람들이 아니었던 것이다. 자신의 부족한 점을 되풀이하여 성찰하고 그것을 고치기 위해서 반복과 반복을 거쳐, 즉 자기를 비우는 아픔의 십자가를 짊어진 채 먼 여정을 걷고 걸어 성인의 경지에 들어간 사람들이다.

따라서 우리가 쉽사리 같은 잘못을 반복하고, 그래서 매번 고해성사 때마다 같은 잘못을 뉘우쳐야 한다고 하더라도 그것이 우리를 실망시키고 포기하게 만들 이유는 될 수 없다. 오히려 그럴수록 '다시 한 번 더'라고 외치며 일어날 수 있다. '되풀이'는 어떤 일을 쉽고 친근감 있게 할 수 있도록 해 준다. 처음엔 어렵던 일도 자꾸 되풀이하다 보면 나중에는 쉬워진다. 그리스도교 신자들도 성인들처럼 끊임없이 되풀이하며 기도하고 자신들의 생활을 개선해 나가는 것이 중요하겠다.[31]

그런 점에서 가톨릭교회의 시간 전례(성무일도), 매일의 묵주 기도, 삼종 기도 등은 강력한 반복의 힘을 상징한다. 물론 매일의 미사성제도 마찬가지다. 좋은 일을 반복하면 덕(德, virtus)이 된다. 기도는 무엇으로도 대치될 수 없을 만큼 최상의 선업(善業, opera bona)이라고 할 수 있다. 즉, 기도의 반복은 수덕의 지름길이기도 하다.[32)] 기도의 반복을 통하여 신자들은 자신의 마음과 정신을 하느님 안에서 순화시키고 자신을 그리스도께로 가까이 가져갈 수 있게 되는 것이다.

긴 인고의 시간들을 감내해야

일상의 기도 프로그램을 정성껏 봉행하는 가운데 신자들은 무엇보다도 믿음과 희망과 사랑이라는 향주 삼덕(向主三德)[33)]을 쌓아 가게 된다. 물론 이러한 덕들이 기도와 전례를 통하여 표현되기도 하는 것이니 실상은 서로 맞물려 상호 강화적으로 작용하고 있다고 말할 수 있다.[34)]

하느님을 믿고, 그분께 희망을 두며 그분의 사랑을 향유하면서 사는 것은 결코 일회적인 행위로 완성될 수 없다. 진정한 믿음은 참된 삶을 통하여 체험되고 증거되어야 하는 것이며, 그분의 말씀 안에서 인간의 희망을 찾아 얻고 사랑의 열매를 맺는 것은 기나긴 인고(忍苦)의 시간들을 감내해야 한다는 것을 뜻한다. 이는 바로 지속적인 신심업의 봉행이 없이는 결코 쉽사리 갈 수 없는 수행의 길인 것이다. 같은 맥락에서 청빈과 순명 그리고 정결과 같은 복음적 권고도 기도 없이 저절로 얻을 수 없는 덕이라고 하겠다.

낙숫물이 바위를 뚫는다

인간의 성숙에 있어서 인격적 차원의 성숙은 신앙적 차원의 성숙을 위한 기초가 된다는 일반적 전제하에, 양 차원의 공통적 특징을 본문에서 세 가지로 정리해 보았다. 첫째는 '자기중심'에서 타인도 배려할 줄 아는 마음으로 성장해 가는 것이고, 둘째는 보이는 세계만이 전부가 아니라 보이지 않는 차원까지도 헤아릴 줄 알게 되는 것이다. 셋째는 열등감이나 우월감 등으로 대표되는 심리적 내지는 정서적 불균형을 극복하고 균형을 잡는 것처럼, 신앙적으로도 하느님 앞에서 자신의 모습을 있는 그대로 인정하는 담담한 자세를 갖게 되는 것이다.

그런데 이런 성숙의 모습은 인간적 성장 과정이 그렇듯이, 신앙적으로도 저절로 이루어지는 것이 아니다. 즉, 나약한 인간성을 지닌 사람들에게 있어서 쉬운 경지가 아닌 것이다. 간단히 말하면, 이것은 하느님의 사랑과 인간의 노력이 함께 있어야만 실현될 수 있다. 그것을 위해서는 많은 묵상과 인내를 통한 인간적 노력이 필요하겠지만, 무엇보다 우선 채워져야 할 조건은 곧 하느님의 사랑 체험이다.

하느님 사랑 체험은 인간이 기울여야 하는 수덕을 위한 노력의 수고를 훨씬 수월하게 해 줄 수 있다. 십자가 자체를 없이하거나 피할 수 없지만 적어도 그 길을 갈 수 있는 힘을 인간은 하느님께로부터, 그분의 사랑으로부터 직접 얻을 수 있는 것이다.

　십자가의 길이 편안한 길이 아닌 고난의 길을 '끝까지' 가야 함을 의미하듯이 그리스도인의 성숙을 향한 수덕도 '단박에' 또는 몇 번의 시도만으로 쉽게 얻을 수 있는 것이 아니다. 하지만 인내를 가지고 꾸준히 반복하는 가운데 공(功)을 들인다면 성덕에 다다를 수 있다. 따라서 그리스도인들은 일상적으로 봉행하는 평범한 기도와 전례 행사들을 결코 가볍게 보아서는 안 된다. '낙숫물이 바위를 뚫는다'(水滴穿石)라는 옛말처럼, 하찮게 보이는 일상의 작은 기도 봉헌들이 성숙한 그리스도인의 삶을 위한 가장 확실한 길을 제공해 주기 때문이다.

하느님은 왜
당신 이름을 알려 주시고
함부로 부르지
말라고
하시는가?

하느님은 왜 당신 이름을 알려 주시고 함부로 부르지 말라고 하시는가?

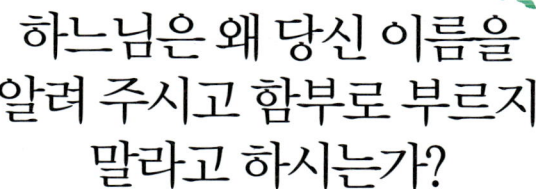

"주 너의 하느님의 이름을 부당하게 불러서는 안 된다. 주님은 자기 이름을 부당하게 부르는 자를 벌하지 않은 채 내버려 두지 않는다."(탈출 20,7; 신명 5,11)

십계명이 오늘날에도 유효한가?

오늘날 십계명을 논한다는 것은 어딘지 모르게 시대에 뒤떨어지는 듯이 느껴질 수도 있다. 그래서 일부에서는 십계명이 낡아 빠진 가부장적 고대 사회의 유물이라며, 과학의 시대를 사는 현대인들의 정서에 맞지 않는다고 배척하기도 한다. 그와는 반대로 십계명 자체가 시간과 공간을 초월한 절대성을 지닌다고 주장하며, 하느님이 주신 영원한 법으로서 어떠한 가감(加減)도 시도할 수 없다고 보는 경건주의자들도 있다.[1]

그러나 이러한 두 극단적인 입장 모두, 아무런 무리 없이 현대인들에게 수용되기는 어렵다. 제2차 바티칸 공의회 문헌에서는 그리스도인이 구약의 역사 안에서 이스라엘 백성에게 내려진 하느님의 계시가 신약의 예수 그리스도에 의해 새롭게 완성되었음을 고백한다.[2]

따라서 십계명은 분명, 선택된 이스라엘 백성에게 시간과 공간적 특징을 지니고 내려진 하느님의 계시이지만, 그리스도 안에서 하느님의 자녀로 선택된 오늘날의 그리스도인들에게도 여전히 그 계시의 본질적 내용은 유효한 것이다. 문제는 영원한 그 계시의 본질을 달라진 시간과 공간 안에서 새롭게 해석해 내는 일이다.

이러한 입장에서 십계명의 두 번째 조항을 살펴보자. "주 너의 하느님의 이름을 부당하게 불러서는 안 된다. 주님은 자기 이름을 부당하게 부르는 자를 벌하지 않은 채 내버려 두지 않는다."(탈출 20,7; 신명 5,11) 하느님께서 호렙 산에서 모세에게 나타나셔서 직접 알려 주신 '하느님'의 이름을 함부로 불러서는 안 된다는 것이다. 또한 만일 그분의 이름을 함부로 부른다면 그 책임을 묻겠다는 것이기도 하다.

하느님은 왜 모세에게, 그리고 그를 통해서 이스라엘 백성에게 당신의 이름을 알려 주셨는가? 그러고 나서 또 함부로 부르면 안 된다고 금지한 이유는 무엇인가? 하느님의 이름이 구약의 이스라엘 사람들에게는 무엇을 의미했으며, 신약의 하느님 백성들에게는 어떠한 의미로 다가오는가?

십계명은 전반적으로 무엇을 하지 말라는 금지의 내

용을 담고 있는데, 소극적으로 단순히 하느님의 이름을 함부로 부르지 않는 것만으로 오늘날 두 번째 계명의 진의를 충분히 따르고 있다고 할 수 있는가? 이러한 질문들에 대해서 먼저 '이름'이 지니는 일반적인 의미를 살펴보는 것부터 접근해 보자.

이름이 가진 힘

통성명(通姓名)은 모든 인간관계의 시작이다. 상대방에게 서로의 이름을 알려 줌으로써 상호 교류 내지는 상호 개입의 단초를 마련하는 것이다. 만난 사람들끼리 서로 이름조차 모른다면, 그런 만남은 일반적으로 별로 중요하지 않은 사람들끼리의 만남이거나 형식적인 만남을 의미한다.

그래서 상대방의 이름을 안다고 하는 것은 비록 상대

방에 대한 모든 것은 아닐지라도 적어도 '인격적인 만남'을 위한 기본 조건을 갖춘 것이라고 말할 수 있다. 이름도 모르면서 상대방을 안다고 말할 수 없기 때문이다. 인간관계에서 상대방의 이름을 안다고 하는 것은 상대방에 대한 관심의 시작이고, 나아가 사랑의 시작이기도 하다. 그래서 이름을 모른다고 하는 것은 반대로 상대방에 대한 무관심의 표현이기도 하다.

이름은 인간의 존재를 상징한다

이름이 '인격적인 만남'이나 '관계'를 가능하게 하는 이유는 이름이 인간의 존재를 상징적으로 드러내기 때문이다. 이름은 한 인간을 다른 이와 바꿀 수 없는 유일한 개별적 존재로 확정한다.[3] 그래서 한 인간이 태어나면 제일 먼저 이름을 지어 주는 것은 바로 그 아이가 이제 이 세상에 '존재'하게 되었음을 선언하는 것과 다름없다. 이름이 없는 어떤 무엇은 상상할 수 없다. 이와 반대

로 이름을 없애 버린다는 것은 '존재의 상실'과도 같은 것이다.[4]

고대 서아시아와 이집트 지방에서 누군가 다른 사람의 이름을 안다는 것은 어느 정도 그 사람의 본질까지도 꿰뚫어 볼 수 있음을 뜻했다.[5] 즉 이름은 그 이름을 지닌 사람의 특성 내지는 본질을 상징적으로 표현하는 것이다. 비단 사람뿐만이 아니라 사물의 경우도 그렇다. 이름을 부를 때는 단순히 이름만을 부르는 것이 아니라, 그 이름이 가리키고 있는 대상의 본질을 함께 지칭한다. 성경에서도 "누군가가 어떤 사람의 이름을 안다고 하는 것은 그의 '영혼'(존재, 사람)을 아는 것"으로 간주한다.[6]

어떤 사람이 자신의 특성을 바꾸려고 하거나, 삶에 새로운 전기를 맞을 때 자기의 이름을 바꾸기도 하는 것은 이 때문이다. 이것은 이름이 그 사람의 어떤 특성을 드러내기도 하지만, 반대로 이름을 통해 그 사람이 가진 소망이나 기원을 표현하기도 한다는 뜻이다. 실제로 사람들은 이름이 그 사람의 삶에 영향을 주고 삶을 바꾸어 놓을 수 있을 만큼의 힘을 가졌다고 생각한다.

이러한 경향은 특히 동양의 한자 문화권(漢字文化圈)에서 더 두드러진다고 하겠다. 태어난 아이의 이름을 작명(作名)하는 것에 큰 의미를 두는 것은, 물론 아이에 대한 좋은 바람의 표현이기도 하지만, 이름이 곧 그 사람의 운명에도 영향을 준다(作命)는 생각 때문이기도 하다.

이러한 생각은 히브리적 사고방식에서도 마찬가지로 발견할 수 있다. 성경에서도 이름이 그 사람에 대해서 어떤 힘을 지니는 것으로 이해되었고,[7] 사람의 특성이 달라지면 새로운 이름을 받을 수 있었다.

'야곱'이 하느님과 겨룬 뒤 '이스라엘'이라는 이름을 받은 것(창세 32,28-29 참조)이라든지, '아브람'이 하느님과 계약을 맺은 후 '아브라함'으로 불리게 된 것(창세 17,4-5 참조), 그의 아내 '사라이'가 '사라'라는 이름을 새로 받은 것(창세 17,15 참조)들이 여기에 해당한다.[8]

이름 불린 이의 현존과 도움을 뜻해

태어난 아이의 이름을 무엇으로 할지를 결정하는 사람은 아이의 부모다. 아무나 아이에게 이름을 줄 수는 없다. 이름을 지어 부른다는 것은 곧 그 이름의 대상에 대한 이름 준 자의 '권리'를 뜻한다.[9] 부모와 자식 간에 존재하는 이러한 권리는 '양육권'이다. 같은 맥락에서 창세기의 아담과 아담에 의해 이름을 받은 다른 피조물들 사이에도 권리 관계가 성립한다. 고대 서아시아에서는 이름을 붙여 주는 자가 곧 소유자였다. 말하자면 하느님으로부터 새로 이름을 부여받은 이스라엘, 아브라함 그리고 사라는 하느님의 것, 하느님의 소유가 되었다는 뜻이기도 하다.[10]

이름은 불린 이의 존재와 동일시되기 때문에, 이름 자체가 "이름 불린 이의 현존과 도움"을 뜻하기도 한다.[11] 위험에 빠졌을 때 누군가의 이름을 부름으로써 그 위험을 극복할 힘을 얻는 것이다. 고대 사회에서부터 이어져

온 인간과 신들의 관계에서도 이러한 이름에 대한 이해가 그대로 통용되었다. 신들의 이름을 앎으로써 주술적 형태로 신들을 불러내어 인간의 필요에 봉사하게 할 수 있다고 믿었던 것이다.[12]

하느님의 이름이 가진 의미

하느님의 이름이 어떤 신학적 의미를 지니는지 생각해 보자. 하느님의 이름도 이름이 일반적으로 지니는 인간학적 특성과 기능에 비추어 그 신학적 의미를 짚어 볼 수 있다.

하느님의 이름은 이스라엘 백성에게 하느님의 본성과 존재를 나타내는 말이다. 하느님은 당신의 이름을 알려 주심으로써 당신 자신을 인간들에게 나누어 주신 것이다. 하느님의 이름을 통해서 하느님은 당신의 신성(神

性)을 계시하셨고, 하느님께서 알려 주신 그 이름을 통해서 사람들은 하느님의 본성에 관해 알게 되었다.

　하느님의 이름을 안다는 것은 그래서 하느님을 아는 것과 같았다.[13] 그래서 '하느님의 본성과 존재'뿐만 아니라 그분의 '가르침과 교리' 내지는 그분이 인간에게 주신 '윤리적 지침과 도덕'까지도 다 포함하여 지칭하는 말로 간주하였다.[14] 이처럼 성경에서는 하느님의 이름이 그 자체로 하나의 '계시'로 간주된다.[15]

그때 주님께서 구름에 싸여 내려오셔서 모세와 함께 그곳에 서시어, '야훼'라는 이름을 선포하셨다. 주님께서는 모세 앞을 지나가며 선포하셨다. "주님은, 주님은 자비하고 너그러운 하느님이다. 분노에 더디고 자애와 진실이 충만하며 천대에 이르기까지 자애를 베풀고 죄악과 악행과 잘못을 용서한다. 그러나 벌하지 않은 채 내버려 두지 않고 조상들의 죄악을 아들 손자들을 거쳐 삼 대 사 대까지 벌한다."(탈

출 34,5-7)

하느님께서 모세에게 "나는 있는 나다." …… "너는 이스라엘 자손들에게 ''있는 나'께서 나를 너희에게 보내셨다.' 하여라." …… "너는 이스라엘 자손들에게, '너희 조상들의 하느님, 곧 아브라함의 하느님, 이사악의 하느님, 야곱의 하느님이신 야훼께서 나를 너희에게 보내셨다.' 하여라. 이것이 영원히 불릴 나의 이름이며, 이것이 대대로 기릴 나의 칭호이다."(탈출 3,14-15)

사람에 대한 사랑과 자상함의 표현

여기서 특이한 점은, 인간의 이름과는 달리 하느님의 이름이 알려진 것이 전적으로 하느님 자신에 의해서라는 사실이다. 힘의 주도권이 하느님께 있기 때문이다. 일반적으로, 이름을 부여하는 주체가 이름의 대상에 대해서 주도권을 갖는다는 것을 이미 위에서 언급하였다.

인간이 하느님께 이름을 붙여 준 것이 아니라는 사실에서 하느님과 인간과의 관계가 어떠한지 드러난다. 하느님은 인간과 무관하게 처음부터 스스로 존재하시는 분이다.[16]

하느님께서 당신 이름을 계시하신 것은 이스라엘 백성과의 인격적 관계의 기초 때문이다. 이름의 계시는 곧 하느님께서 인간을 당신 자신에게로 초대하신 것이다. 이름으로써 당신 자신을 인간에게 열어 보이신 것이고, 사람들은 그 이름을 통해서 하느님을 부를 수 있었다.

"하느님의 '이름을 부른다'는 표현은 바로 예배적인 하느님 공경을 위한 특별한 표현이다. 하느님의 이름을 부르는 사람은 하느님에 대한 신앙을 고백하는 것이고, 그분이 개입하셔서 도와주시길 청하는 것이고, 그분을 찬양하는 것이다. 그분의 이름으로 말미암아 하느님은 지성소에 현존하신다."[17] 하느님의 이름은 처음부터 이렇게 종교적인 성격을 띠고 있다.

"하느님은 당신 이름을 통해 이스라엘 백성에게 당신이 그들 조상의 하느님이실 뿐만 아니라 만물의 근원이시며 창조주시라는 것을 밝혀 주셨다."[18] 즉, 하느님이 당신 이름을 알려 주신 것은 "사람들이 그분을 알게 되고 도움을 청할 수 있도록 하려는 것"[19]이었다고 할 수 있다. 인간에 대한 사랑과 자상함의 표현인 것이다.

하느님 이름에 대한 경외심으로

이스라엘 사람들은 사람의 이름에서와 마찬가지로 하느님의 이름이 그 존재를 드러낸다는 것을 분명히 인식하였다. 그래서 하느님의 이름을 "거룩하고"(이사 29,23 참조), "환호하며"(시편 5,12 참조), "찬송하여"(시편 7,18 참조), "높이 기리는 것"(시편 34,4 참조)이라고 여겼다. 또 그 이름은 "경외로운 이름"(신명 28,58), "길이 빛나는 이름"(시편 135,13 참조)이라고 믿었다.[20]

그래서 그들은 하느님의 이름에 대한 깊은 경외심으

로 그분의 이름을 아예 소리 내어 발음하지 않고, 그 대신 '엘로힘'(Elohim, 하느님)이나 '아도나이'(Adonai, 주님)라는 일반 명사로 읽었다. "그렇기 때문에 성경을 히브리어에서 그리스어로 번역한 유대인들도 하느님의 이름을 직접 사용하지 않고, 대신 '키리오스'(Kyrios, 주님)로 표현했다."[21]

윤리 신학에서 보는 두 번째 계명의 의미

두 번째 계명이 가리키고 있는 윤리적 문제는 여러 가지로 나누어 생각할 수 있다.[22] 하느님 이름에 대한 직간접 모독 행위, 거짓 맹세나 거짓 서약, 하느님의 이름을 주술이나 마술적 목적으로 남용하는 행위 등에 대한 금지, 그리고 넓은 의미에서 거룩한 하느님의 이름을 욕되게 할 수 있는 인간의 모든 행위에 대한 광범위한 금지가 두 번째 계명에 함축되어 있다.

하느님께서 당신 이름을 계시하신 뜻

두 번째 계명은 하느님의 이름을 직접 또는 간접적으로 모독하는 모든 행위를 금지한다. 하느님 이름에 대한 존경심 없이 불경스럽게 부르는 행위인 '속화'(俗化, profanity)와 하느님을 직접적으로 욕하거나 모독하는 신성 모독, 즉 '독신'(瀆神, blasphemy)을 구분할 수 있다.[23]

여기서 고유 명사인 '야훼'라는 하느님의 이름뿐만 아니라 일반 명사인 '하느님'이나 '주님'이란 말에 대해서도 똑같은 경외(敬畏)와 존중이 요구된다. 신약의 그리스도교 신자들에게는 예수님의 이름이 하느님의 이름과 동일시되므로 예수님의 이름에 대한 공경, 더 나아가 예수님을 통하여 하느님과의 일치에 도달한 성인들의 이름까지도 모두 포함하여 깊은 예(禮)를 표해야 한다.[24]

하느님의 이름은 그분 인격의 상징

"그리스도인들은 하느님의 이름을 찬미해야 하고(히브 13,15), 자신들의 행동으로 인하여 하느님의 이름을 모독하지 않도록 조심해야 할(로마 2,14; 2티모 6,1) 의무가 있다. …… 하느님의 이름은 그분 존재의 표현이고 그분 인격의 상징이므로 존경심을 가지고 불러야 한다. 하느님의 이름을 들어 높이는 것은 하느님 자신을 들어 높이는 것이고, 그 이름을 모독하는 것은 하느님 자신을 모독하는 것이다."[25]

그러나 오늘날 세속화된 세상 속에서 하느님의 이름은 사람들의 언어 속에서 그 신성함을 점점 잃어 가고 있다. 그것은 단순히 언어 습관만의 문제라고 하기보다는 사람들의 의식 속에서 하느님의 '거룩함'에 대한 관심이 줄어드는 대신, 그만큼 물질에 대한 탐욕과 이기심이 더 늘고 있다는 징표이기도 하다.

사실 우리 문화권에서도 어른의 이름을 함부로 부르

지 않는 것은 자연스러운 일이다. 부른다고 해도 한 글자씩 띄어서 부른다. 하물며 인간이 창조주이신 하느님의 이름을 경솔하게 부를 수는 없는 일이다. 하느님의 이름을 부르는 일은 지극히 예외적으로만 허락될 뿐이고, 그런 경우에도 최상의 예를 갖추어야만 한다. 인간이 그분을 부를 수 있는 경우는 그분을 예배하기 위한 목적에서 부를 때이다.[26]

인간을 향한 하느님의 연민과 사랑

인간이 하느님을 불러 흠숭의 예를 표할 수 있도록 그분의 이름이 계시되었다는 것은 동양의 옛 사상과 비교할 때 인간에 대한 하느님의 '자상함'의 표현이라 볼 수 있다. 도가 철학의 대가 노자는 《도덕경》에서 "말할 수 있는 도는 영원불변(常)한 도가 아니고, 이름 지을 수 있는 이름(名)은 영원불변한 이름이 아니다."라고 말했다.[27]

여기서의 도는 진리, 우주 만물의 원리 또는 그리스도교의 하느님에 견줄 만한 개념이다. 그런데 그 도를 '말로 하면' 이미 도가 아니게 된다는 것이다. 이러한 통찰은 존재(存在)와 존재자(存在者) 사이에 가로놓인 존재론적인 근본 차이를 드러낸다. 인간과 하느님의 존재론적 근본 차이 때문에 하느님이 인간에 의해 규정되거나 이름이 불려질 수 없다.

그럼에도 불구하고 이스라엘의 하느님은 당신의 이름을 직접 알려 주셨다. 그것은 그만큼 인간을 향한 하느님의 연민과 사랑을 드러내 주는 것이다. 감히 인간으로서 알 수 없는 이름을 하느님께서 주도적으로 계시해 주시는 모습에서 적극적으로 인간에게 다가오는 하느님의 친근한 사랑이 드러난다. 그것은 자식을 위해 자신을 기꺼이 내어 주는 부모의 사랑 행위와도 같다. 이때 이름을 내어 준다는 것은 그 이름을 함부로 하라는 것이 아니다. 두 번째 계명에는 바로 이렇게 내려진 하느님의

계시가 인간에 의해 남용되지 않도록 하려는 의도가 내포되어 있다.[28]

서약이 지니는 종교적·사회적 중요성

인간 사회에서 서로 간의 약속이란 인간관계를 맺고 어떤 일을 추진하기 위해 반드시 성심껏 지켜야 하는 것이다. 그 약속이 지켜지지 못하면 인간관계도 지속될 수 없다. 하느님과의 약속도 마찬가지다. 하느님과의 약속에 대한 불성실은 하느님을 무시하는 것이다. "남자가 주님께 서원을 하거나 맹세를 하여 스스로 서약을 할 경우, 자기 말을 어겨서는 안 된다. 제 입에서 나온 것을 다 그대로 실행해야 한다."(민수 30,3)

더군다나 의도적으로 다른 사람을 속이려고 하느님을 끌어들이는 행위나 처음부터 지킬 마음이 없는 것을 하느님의 이름으로 약속하는 것은, 하느님을 자기 편리나 이익을 위한 도구로 전락시키는 것이다. "너희는 나의 이름으로 거짓 맹세를 해서는 안 된다. 그러면 너희는 너희 하느님의 이름을 더럽히게 된다."(레위 19,12)

구약 성경은 맹세 자체를 금지하는 것이 아니라 단지 잘못된 맹세를 피하도록 경고한다. "너희는 주 너희 하느님을 경외하고 그분을 섬기며, 그분의 이름으로만 맹세해야 한다."(신명 6,13) 같은 말씀이 신명기 10장 20절에도 반복되고 있다.

맹세를 할 때 하느님의 이름으로만 맹세하라는 것은 그만큼 맹세에 대한 신중함을 강조하는 것이고, 그 맹세한 바에 대한 신앙적 성실을 강조하는 것이다. 그런데 신약에서 예수님은 "그저 '예' 할 것은 '예' 하고 '아니오' 할 것은 '아니오'라고만 하여라." 하시며 아예 맹세를 하지 말라고 하신다(마태 5,33-37 참조).

그러나 하느님의 이름으로 맹세할 것을 강요하는 대사제 앞에서 당신의 공식적 사명을 말씀하신 점은 예수님께서 맹세 자체의 가치를 간접적으로 인정한 것이라

볼 수 있다(마태 26,63-64 참조).²⁹⁾ 맹세하지 말라는 예수님 말씀의 의도는 "당시의 맹세에 대한 풍습이나 사람들의 폐습과 남용을 엄히 질책"하시려는 데에 있다.³⁰⁾

그리스도교 신자가 될 때 누구나 하느님 앞에서 세례의 약속을 한다. 또한 성품성사나 수도자의 서원, 결혼의 서약뿐만 아니라 사회적으로도 공적인 책임을 맡을 때에 사람들 앞에서 서약을 한다. 두 번째 계명은 이러한 약속이 지니는 종교적·사회적 중요성을 강조하며 약속의 실현을 위한 인간의 성실을 촉구한다.³¹⁾

하느님 이름을 부를 수 있는 정당한 자리는?

두 번째 계명은 하느님의 이름을 불러 인간의 이기적 목적을 채우려는 주술적 신앙을 경고한다. 이름을 부르는 것 자체가 그 대상을 현존하게 하는 힘이 있다고 한 것이다. 여기서 문제는 하느님을 인간을 위한 도구와 수단으로 삼으려는 미신적 행위다. 신을 불러내어 인간의 욕구를 채우고자 하는 일은 원시 종교에서 일반적으로 볼 수 있는 모습이다. 이것은 신과 인간의 관계에서 인간이 주도권을 행사하겠다는 것이다.

그러나 두 번째 계명은 하느님의 거룩하심을 강조하며 이스라엘 백성들이 이러한 미신에 빠지지 않도록 주의를 환기시킨다. 인간이 하느님의 이름을 함부로 부르지 못하게 함으로써, 하느님과의 관계에서 주도권이 하느님께만 있음을 명확하게 선언한 것이다. 이와 같이 미신과 주술을 철저히 배척하여 다른 이방 민족의 신앙과 분명히 구분될 수 있었고, 이로써 이스라엘의 야훼 신앙이 그의 순수성을 간직할 수 있었다.[32]

모세가 하느님께 증언판을 받으러 시나이 산에 오른 사이에 이스라엘 백성이 아론과 함께 금송아지를 만들어 그것을 하느님이라 부르며 예배한 일은 그들이 하느님 이름을 함부로 부르고 미신에 빠진 경우를 잘 보여 준다(탈출 32,1-6 참조).[33] 하느님이 아닌 어떤 것, 하느님으로부터 오지 않은 어떤 것을 하느님으로 잘못 섬기는 모든 행위는 결국 하느님의 이름을 헛되이 부르는 것이다.

그렇다면 인간이 하느님의 이름을 부를 수 있는 정당한 '자리'는 어디인가?

사람들은 하느님에 대한 기도나 예배 안에서만 올바르게 그분의 이름을 부를 수 있다.[34] 물론 기도와 예배의 주도권이 하느님께 있다는 전제 아래서 그렇다. 만일 그렇지 않고 기도가 자신의 탐욕을 위한 수단이 된다면, 그 역시 미신과 주술의 범주를 벗어나지 못한 것이다. 그래서 《가톨릭 교회 교리서》에서는 "인간은 오직 하느님을 찬미하고, 찬양하고, 찬송하기 위해서가 아니면, 자신이 하는 말 중에 하느님의 이름이 오르내리게 하지 말 것이다."[35]라고 강조한다.

이름값을 하는 그리스도인

두 번째 계명은 하느님의 이름을 부르면서도 그분의

뜻을 따르지 않을 때 오히려 그분의 이름을 욕되게 하는 것임을 일깨워 주고 있다. 진실한 마음이나 행동이 없는 빈말만 늘어놓는 기도나 하느님의 이름으로 오히려 남에게 피해를 주는 것 모두가 하느님의 이름을 함부로 부르는 것과 같다.[36]

하느님의 이름을 함부로 부르지 않는 것은 그분의 '말씀'을 잘 따르는 것이다. 곧 그분의 뜻을 잘 따를 때 그분의 이름을 욕되지 않게 하는 것이다(言行一致).[37] "나에게 '주님, 주님!' 한다고 모두 하늘 나라에 들어가는 것이 아니다. 하늘에 계신 내 아버지의 뜻을 실행하는 이라야 들어간다."(마태 7,21)라고 하신 예수님의 말씀이 이 점을 상기시켜 준다.

그리스도인은 예수 그리스도를 따르기로 하고 그 표시로 세례를 받은 사람들이다. 그래서 그리스도의 이름을 달고 사는 것이다. 따라서 그리스도의 뜻에 상응하는 삶을 살 수 있을 때 '그리스도인'이라는 이름값을 하는 것이고 그리스도의 이름을 빛내는 것이다. 이것은 동시에 하느님 아버지의 뜻을 구현하는 것이자, 그분의 이름을 빛내는 삶이다.

누구나 자기 이름에 먹칠을 하고 싶지 않을 것이다. 불명예스러운 이름을 남긴 채 자기 생을 마감하고 싶어 하는 사람은 없다. 이것은 '그리스도인'이라는 이름을 지니고 살아가는 모든 사람들에게도 똑같이 적용되는 이야기다.[38]

그러나 역사 안에서 볼 때, 그리스도인들이 하느님의 이름을 남용하여 오히려 그분의 뜻에 역행했던 일들이 있었음을 부인할 수 없다. 널리 알려진 종교 재판이나 십자군 전쟁과 관련된 부정적 측면뿐만 아니라 특히 15, 16세기 신대륙 발견기와 근대 서구의 제국주의적 확장기에 벌어진 아메리카나 아프리카 원주민들에 대한 인종주의적 착취와 노예 제도 및 노예 무역의 묵인, 유대인 박해 등은 그 대표적인 예다.[39]

하지만 근래에 요한 바오로 2세 교황이 과거의 여러 역사적인 사건들에 대한 올바른 인식을 위해 교황청 신앙교리성 국제신학위원회를 통해 발표한 과거사에 관한 문헌 〈기억과 화해: 교회와 과거의 잘못〉(Memory and Reconciliation: The Church and the Faults of the Past)은 현대를 살아가는 그리스도인들에게 귀중한 지표라고 할 수 있다. 왜냐하면 과거의 잘못을 시인하는 것은 솔직하고 용기 있는 행동이며, 그러한 행동을 통하여 그리스도인들은 당면한 어려움들과 싸워 나갈 수 있는 더 강한 신앙을 가질 수 있기 때문이다.[40]

두 번째 계명에는 구약의 거짓 예언자들이 하느님의 말씀이 아닌 것도 그분의 말씀으로 잘못 선포하는 것을 경고하는 뜻도 담겨 있는데,[41] 이 점은 역사 안에서의 반성을 통해 오늘을 살아가는 그리스도인들, 특히 하느님 말씀의 봉사자들, 사목자들에게 시사하는 바가 크다고 하겠다. 즉, 하느님 말씀의 봉사자들은 언제나 무엇이 올바른 하느님의 뜻인지 잘 식별할 수 있어야 하며, 자신의 뜻이 아니라 하느님의 뜻을 선포해야 한다.[42]

새롭게 조명해야 할 하느님의 법

십계명이 낡은 고고학적 유물이 아니고 바로 '오늘 여기서' 새롭게 조명해야 할 하느님의 법이라는 점에서, 말과 행동을 합하여 십계명에 새겨진 하느님의 뜻을 살아가는 일은 오늘날 모든 그리스도인들에게 주어진 윤리적 요구라고 하겠다.[43] 특별히 "하느님의 이름을 함부로 부르지 마라."라는 두 번째 계명은 현대를 살아가는 인류에게, 그리고 그리스도인들에게 어떤 의미를 던져 주고 있는가?

하느님의 말씀이 펼쳐질 마당인 오늘의 세상 모습은 밝음과 어두움을 동시에 간직하고 있다. 현대는 과학과 기술, 경제의 발전으로 인류 역사에서 그 어느 때보다도 가장 풍요로운 물질적 혜택과 생활의 편리를 누리는 시대다. 바야흐로 컴퓨터와 정보 통신 기술의 발전으로 '하나의 지구촌'이 현실이 되었다. 냉전의 종식과 더불어 인류는 맹목적인 대립의 시대를 청산하고, 개방과 대화를 통하여 민주주의와 인간의 권리에 대한 의식을 지구촌 곳곳으로 넓혀 가고 있다.

그러나 첨단 과학과 물질적 풍요의 시대임에도 불구하고, 아직 전 세계적으로 약 15억의 인구가 최저 생계 수준이 보장되지 못한 절대 빈곤에 시달리고 있음은 무엇을 말하는가?[44]

빈부 격차의 심화로 인한 경제적 불평등은 세계 무역 기구를 축으로 한 신자유주의적 경제 질서의 주도로 '지구화'(地球化, globalization)되고 있으며,[45] 오히려 경제적 가치를 최고의 가치로 여기도록 하는 물질만능주의 확산에 기여하고 있다. 물질적 가치의 우상화는 특히 지난

반세기 동안 유례 없이 급속한 속도와 엄청난 규모로 돌이킬 수 없는 자연의 파괴를 초래하였다. 냉전으로 인한 핵전쟁의 공포는 사라졌지만 지난 십 년 동안, 그리고 지금도 세계 곳곳에서 계속되고 있는 민족 간의 분쟁과 국지적 전쟁들은 인류에게 '평화'란 아직도 먼 길임을 실감하게 한다.

이러한 비(非)구원의 실상들은 인류에게, 특별히 그리스도인들에게 강력한 도전으로 다가온다. 왜냐하면 그리스도인들에게 이 세상은 무가치하고 무의미한 것이 아니라 하느님께서 일하시는 구원의 장(場)이며, 그리스도인들은 종말론적 희망 안에서 그 구원에 대한 책임을 함께하기 때문이다. 그래서 제2차 바티칸 공의회는 세상을 죄로 얼룩져 있으면서도 결국 "해방되어 하느님의 계획대로 변혁"되고 "언젠가는 마침내 완성될 세계"로 파악하면서, 그리스도인들이 "인류와 인류 역사에 깊이 결합되어 있음"을 천명한 것이다.[46]

그리스도교적 투신 없이는 기도도 빈말

세상의 비구원의 실상을 방치하면서 올바른 그리스도인의 정체성을 확립할 수는 없다. 구체적인 신앙의 실천, 세상의 변혁을 위한 그리스도교적 투신이 없으면 백 번의 기도도 빈말이 될 뿐이다. 정의가 서 있지 않고 불신과 전쟁이 만연하는 세상은 분명 하느님의 뜻과 거리가 멀다.

하느님께서 창조하신 '좋은' 세상(창세 1,25 참조)이 인간의 탐욕으로 파괴되어 가고 있는데, 그러한 현실을 모른 체하면서 소시민적이고 개인주의적인 신앙심에만 안주할 수는 없다. 그것은 올바른 찬미가 될 수 없다.

하느님께서 만드시고 완성하실 정의로운 세상은 남녀노소, 빈부의 차이를 넘어서 모두가 그분의 자비와 사랑을 받아 누리는 세상이다(루카 1,46-55 참조). 폭력과 억압, 전쟁이 아닌 사랑이 넘치는 세상은 그분이 주시는 평화의 선물이다(이사 2,4 참조). 그분이 만드신 창조 세계는 인간만의 전유물이 아니라 모든 피조물이 '함께' 하느님의 평화를 누리는 세상이다(이사 11,6-9 참조).

이 시대 그리스도인의 중요한 화두

이런 의미에서 "하느님의 이름을 함부로 부르지 마라."라는 두 번째 계명은 이 시대를 살아가는 모든 그리스도인에게 중요한 화두(話頭)다.

여기서 한 가지 중요한 점은 그리스도인에게 주어지는 이러한 신학적·실천 윤리적 요청을 소위 '지구적' 차원에서 인식해야 한다는 점이다. 당장 눈앞에 보이지 않고 직접 체험할 수 없다고 해서 이러한 시대적 요청으로부터 자유로울 수는 없다. 지구 반대편에서 살아가는 사람들의 고통과 문제가 자신과 무관하지 않다는 지구적 의식이 필요할 뿐만 아니라, 그에 따른 그리스도교적 실천도 국경과 민족, 인종의 벽을 뛰어넘어 지구적 차원을 지향해야 한다.

그리스도인들의 세상에 대한 이와 같은 반성은 사실상 전혀 새로운 그 무엇이 아니며, 이미 예수님께서 몸소 보여 주신 모범을 따르는 것일 뿐이다. 예수님은 친히 기도 안에서 하느님을 '아빠'(Abba)라 부르시며 깊은 존경을 드러내셨고, 아버지의 뜻을 실천하시려고 목숨까지 다 바치며 그 길을 먼저 가셨다. 그리고 당신 삶과 죽음, 부활을 통해 계명의 최종적 완성을 보여 주셨다(마태 5,17 참조).[47]

따라서 그리스도인들도 자신의 믿음을 세상 안에서 구체적인 삶으로 증거할 때 비로소 자신들이 입으로 부르며 고백하는 하느님이 누구신지를 체험하게 된다.

"하느님께도 이름이 있다. 예수 그리스도는 당신의 삶과 아버지께 대한 사랑을 통하여 그 이름을 우리에게 유효하고 최종적으로 계시하셨다. 그러나 그 이름은 구하고 믿으며 하느님을 향하는 사람만이 알 수 있는 이름이다."[48]

이렇듯 진심으로 믿으며 구한다는 것은 바로 실천을 수반하는 것이다. 이때에야 비로소 '주님의 기도'를 바칠 때마다 읊조리는 "아버지의 이름을 거룩히 드러내시며"(마태 6,9)[49]라는 기도가 살아 있는 기도가 된다.

하느님의 이름으로 하루를 시작하며 "성부와 성자와 성령의 이름으로. 아멘." 하고 성호를 그을 때 그리스도인들은 이미 말만으로가 아니라, 그날 하루의 모든 행동으로써 하느님을 찬미하고 그분의 뜻을 따르겠다는 각오를 표현하는 것이다.[50]

십계명은 우리를 구원으로 이끄는 길

십계명은 하느님께서 인간에게 보여 주신 사랑과 해방에 대한 응답의 길로 제시된 것이다. 하느님과 이스라엘 사이에 맺어진 계약은 단순히 사람들을 노예처럼 묶어 두고 통제하려는 데 목적이 있는 '노예 계약'이 아니라, 오히려 사람들을 구원해 주고 그들에게 복을 주기 위한 '구원 계약'이었다.

그래서 십계명은 구원으로 이끄는 길을 함축하고 있다. 십계명의 도입부에 명시된 "나는 너를 이집트 땅, 종살이하던 집에서 이끌어 낸 주 너의 하느님이다."(탈출 20,2; 신명 5,6)라는 말씀은 그 뒤이어 설명된 구체적인 계명들의 근거가 된다.[51]

바로 그 하느님께서 행하신 놀라운 사랑을 체험한 인간은 당연히 그에 상응하는 삶을 살아야만 하겠다는 자발적이고 적극적인 응답의 당위성을 발견할 수 있다. 여기서 인간에 대한 하느님의 업적이 먼저 언급되는 것에 주목할 필요가 있다.[52] 하느님께서 인간을 그처럼 사랑하시기에 인간 편에서도 당연히 하느님께 충성을 다하는 것이 중요하다는 말도 되지만, 다른 각도에서 보면 하느님의 그 해방 업적에 대한 체험이 인간으로 하여금

그에 상응하는 삶을 살지 않고서는 못 견디게 만든다는 말이기도 하다.[53]

따라서 신약 시대에 살아가고 있는 현대인에게는 계명에 대한 이해의 전환이 필요하다. 이것은 이미 예수님의 복음 선포를 통해 계시되었다. 예수님의 십자가 죽음과 부활은 인간에 대한 하느님 사랑의 선포 이외의 다른 것이 아니었다. 계명이 있기 이전에 먼저 하느님의 사랑이 있었음을 예수님의 삶과 죽음은 웅변하고 있다. 이로써 율법을 폐기하지 않고 구약의 율법을 완성하신 예수님의 면모가 드러난 것이다. 예수님은 이렇게 바리사이파 사람들의 율법주의적 입장을 뛰어넘으셨다.

금지 명령이 담고 있는 원천적 지향을 살아야

예수님의 삶이 우리의 길이라고 확신하는 우리 그리스도인들은 바로 여기서 삶의 지표를 얻을 수 있다. 계명의 준수가 하느님의 사랑 속에서만 온전히 완성될 수 있다는 것을 예수님을 통하여 알기 때문이다. 그렇기에 하느님 사랑에 대한 체험이 없는 계명의 준수는 그리스도인들에게 단순히 무거운 짐일 뿐이다. 그리고 그 계명의 실천이 온전한 것일 수도 없다.

그리스도인의 삶이 단순히 무엇을 하지 않는 것만으로 끝날 수는 없다. 그것은 계명에 대한 소극적인 이해다. 보다 적극적인 이해는 금지 명령이 담고 있는 원천적 지향을 자신의 삶을 통해서 살아 내는 것이다. 그래서 단순히 살인하지 않았다는 것으로만 끝날 수 있는 것이 아니라, 생명에 대한 깊은 경외로써 인간의 삶을 드높여야 한다.[54]

이와 마찬가지로 '하느님의 이름을 헛되이 부르지 않는 것'은 소극적인 의미에서 단순히 이름을 함부로 '부르지' 않는 것이 아니라, 자신의 삶 전체가 생각과 말과 행동을 통한 하느님에 대한 깊은 흠숭과 찬미여야 한다는 적극적인 의미로 이해해야 한다.

또한 두 번째 계명은 그 계명이 지니는 독특성에도 불구하고 다른 계명들과의 전체적 연관성 속에서 바라보아야 한다. 십계명의 열 가지 계명들이 처음부터 서로 별개의 것이 아니라 하느님이 주신 법의 열 가지 측면이기 때문이다.[55] 따라서 한 계명을 소홀히 하면서 다른 계명들을 온전히 지켜 나갈 수 없다. 그리고 계명을 어기는 일은, 어떤 계명이든지 간에 그 계명들 간의 전체적 연관성 때문에, 곧 하느님의 이름을 욕되게 하는 것이 된다.[56]

그리스도인이라는 이름에 걸맞은 삶을 산다는 것은 단순히 인간이 홀로 짊어지고 가야 하는 무거운 명령이 아니라, 하느님의 사랑과 해방 체험에 의해서 온전한 성취가 가능한 것임을 깨달아야 한다.[57] 처음부터 하느님께서 인간에게 힘을 주시고, 인간은 그 힘으로 계명을 따라 살 수 있으며, 그런 삶을 통해서 인간은 하느님의 해방과 사랑을 더 크게 체험할 수 있다. 즉, 하느님께서 몸소 처음부터 인간을 초대하셨고, 그 인간은 초대해 주신 분으로부터 오는 힘을 가지고 살아가며, 그때 비로소 더 큰 초대, 즉 영원한 생명이 보장되는 것이다.

일곱 번째 계명에 대한 21세기적 응답

일곱 번째 계명에 대한
21세기적 응답

"도둑질해서는 안 된다."(탈출 20,15; 신명 5,19; 마태 19,18)

일곱 번째 계명 다시 보기

인류가 오늘날과 같은 물질적 풍요를 구가해 본 적은 일찍이 없었다. 그만큼 인류는 과학적·기술적 발전에 힘입어 놀라운 물질적 혜택을 입고 있다. 그러나 역설적이게도 풍요로 인한 명암 또한 짙어서, 인류 역사상 그 어느 때보다 많은 수의 사람들이 지구 도처에서 물질적 빈곤으로 고통받고 있음 또한 부인할 수 없는 현실이다.[1] 생존에 꼭 필요한 것조차 갖지 못한 사람들은 말할 것도 없지만, 많이 가진 사람과 적게 가진 사람을 불문하고 서로 '더 많이' 가지려는 경쟁 대열에 너도나도 내몰리고 있는 것이 현대인의 생활이기도 하다.

그만큼 물질주의적 사고방식과 가치관, 인생관 등이 자본주의 시장 경제 체제와 사회주의 계획 경제 체제를 상관하지 않고 어디서건 하나같이 그 위력을 과시했고, 지금도 여전히 맹위를 떨치고 있다.

물질적 풍요의 시대에 '도둑질을 하지 말라'는 십계명의 명령은 언뜻 시효가 끝난 듯이 보일 수도 있지만, 역설적이게도 그 명령이 함축하고 있는 깊은 진의는 오히려 현대와 같은 물질 만능주의 시대에 더욱 빛나고 있다. 물질적 가치에 집착하는 그만큼 수단과 방법을 가리지 않고 재물을 축적하려는 이기주의가 득세하고 있기 때문이다. '내 것'을 위해서라면 남의 불이익도 상관하지 않고 남의 것을 빼앗는 불의라도 불사하겠다는 풍조가 개인과 개인 사이뿐만 아니라, 국제 관계 안에서조차 유행병처럼 퍼져 있기 때문이다. 이러한 불의는 오늘날 다양할 뿐만 아니라 조직적이고 복잡한 양상으로 심화되고 있는 실정이다.

진정한 행복의 길을 찾아 주는 적극적인 계명

인류는 오늘날 '물질주의의 유행병' 때문에 상실해 버린 '진정한 행복의 지수'를 십계명의 일곱 번째 금지 명령이 담고 있는 인간 존중의 정신과 물질적인 차원을 극복할 수 있는 내면적 근거를 하느님 안에서 찾는 지혜로움으로 다시 찾을 수 있다. 이것이 오늘 일곱 번째 계명의 현대적 의미를 숙고하는 진정한 의도라고 할 수 있다.

말하자면 단순히 '남의 것'을 도둑질하지 않는 것으로써 도덕적 순결을 지키는 데 머무는 소극적 차원이 아니라, 오히려 재물로 인한 구속으로부터의 해방과 인간의 진정한 행복의 길을 찾으려는 적극적 의도가 깔려 있다. 그리고 실제로 일곱 번째 계명의 현대적 의미를 바로 여기서 찾을 수 있다고 생각한다.

일곱 번째 계명은 인간들 사이의 소유권 존중을 통한 정의로운 대인 관계의 회복뿐만 아니라, 재물에 대한 올바른 인식과 소유를 통해 올바른 대물 관계의 정립도 지향하고 있다. 그리고 최종적으로 이러한 관계 정상화는 재물의 참주인인 하느님과의 올바른 관계 회복을 목표로 한다고 하겠다.

이에 대한 구체적 실천이 인간의 '회개'이고, 다각적 관계 정상화의 결실이 곧 인간의 '구원'이 된다. 십계명의 근본 정신이 인간을 죄로부터 해방시키고 구원하려는 데 있음이 여기서 드러난다.

무엇이 도둑질인가?

'도둑질하다'라는 말의 사전적 의미는 '남의 물건을 훔치거나 빼앗다.'이다.[2] 도둑질을 하지 말라는 말은 분명 '소유 개념'을 전제한다. '내 것' 또는 '네 것'이라는 구분이 있기에 '내 것'만을 '내 것'으로 취하고 '네 것'은 함부로 취할 수 없다는 뜻이 된다. 그렇다면 '나의 것' 또는 '너의 것'으로 표현되는 소유의 의미는 무엇인가? 인간은 무엇을 자신의 소유로 삼을 수 있으며, 그 소유의 윤리적, 신학적 한계는 어디까지인가?

이 물음에 대한 대답은 동시에 일곱 번째 계명과 관련하여, 무엇이 '도둑질'인지 아니면 정당한 소유에 해당하는지를 설명해 준다. 이러한 질문을 통해 필자는 현대 사회 안에서 재물과 이웃 앞에 인간이 지녀야 할 올바른 윤리적 태도와, 더 나아가서 하느님 앞에서 그리스도인으로서 지녀야 할 신앙의 자세에 대해서 일곱 번째 계명이 어떤 의미를 제시하는지 살펴보고자 한다.

먼저, 인간의 사유 재산이 지니는 정당성과 보편적 목적성을 인간학적·신학적 견지에서 살펴본다. 이것은 일곱 번째 계명이 지칭하는 '도둑질'의 객체인 '재물'의 본질을 살펴보는 것이기도 하다. 재물이 무엇인지 알아야만 계명을 올바로 준수할 수 있기 때문에 이 물음은 중요하다.

그다음으로, 재물에 대한 본질적 이해를 바탕으로 일곱 번째 계명의 구체적 의미를 고찰하고, 변화된 현대 사회 속에서 이 계명이 어떻게 적용되는지를 다룬다.

최종적으로 계명 준수를 통해서 목표로 하는 바는 무엇보다도 정의(正義)의 실현이며, 정의는 사랑을 통해서 보완·완성된다. 사랑이야말로 일곱 번째 계명이 온전히 실현되는 차원이라 할 수 있다. 금지 명령이 지니는 부정성(否定性)을 넘어가는 긍정적이고 그리스도교적인 특성이 여기서 드러난다.

끝으로, 물질적 풍요와 결핍이 극단적으로 확대된 바

로 지난 세기 동안, 재물의 올바른 이해를 통한 정의와 사랑의 실천에 관해 교회가 역설해 온 바를 교황청 사회 문헌들을 통하여 정리하겠다.

재물이란 무엇인가?

재물(財物)이란 일반적으로 재산, 돈 따위를 총칭하는 말이다. 그런데 재물의 본질을 바로 이해하려면 우선 인간에 대한 인간학적 및 신학적 이해가 필요하다. 인간은 본성적으로 개별성과 사회성을 동시에 지닌다. "인간은 인격으로 불가양·불가침의 절대 존엄한 가치를 지닌 존재로 개별성을 지니고 있고 이웃과 함께 살도록 부름 받은 사회성을 지닌 존재다."[3)]

또한 신학적으로 볼 때, 인간은 '하느님의 모상'으로 창조된 존재이고 창조주께서 세상을 인간에게 맡기셔서 '세상의 관리자'로 부름받은 존재이기도 하다(창세 1-2장 참조).

이러한 부르심은 어떤 특정한 인간에게만 유효한 것이 아니라 만인에게 해당한다. 개개의 인간이 하느님 모상으로서 대치될 수 없는 유일한 인격을 지닌다는 점은 인간 본성의 개별성과 상응하고, 그렇게 인류 모두가 부름받았다는 사실은 인간이 본성적으로 지닌 사회성과 상응한다고 말할 수 있다.

재물에 대한 권리

인간의 본성적이고 신학적인 각각의 양면성에 의해 재물도 인간에 대해서 '개인적 기능'과 '사회적 기능'이라는 두 가지 기능을 동시에 갖는다(아래 표 참조). 재물의 개인적 기능은 사유 재산 제도를 통해서 보호받는다. 이를 통해 인간이 누리는 권리를 〈유엔 인권선언〉 제17조는 다음과 같이 규정하고 있다.

"모든 인간은 타인과의 연합을 통해서뿐만 아니라 단독으로 자신의 재산을 소유할 권리를 갖는다. 아무도 자신의 재산을 임의적으로 박탈당하지 아니한다."[4]

〈표〉

	인간		재물	
인간학적 고찰	개별성	사회성	개인적 기능: 사유 재산은 자연법에 근거한 천부의 권리.	사회적 기능: 사유 재산권이 특정인만이 아닌 모두에게 유효.
신학적 고찰	'하느님 모상'으로 창조된 유일회적 개별자(個別者).	모든 인간이 함께 '세상의 관리자'로 부름받음.	그리스도교도 재물의 개인적 기능으로서의 사유 재산권을 수용함.	사유 재산권의 한계를 '관리권(사용권)'으로 명시하여 재물의 보편적 목적성 강조.

이러한 권리는 국가가 부여하는 것이 아니라 자연법에 근거하여 인간이 타고나는 천부의 권리로서 인정받는 것이다. 말하자면 사유 재산 소유의 권리가 '모든 사

람에게 타고난 인격적 자유의 권리로 부여된다.'라는 것이다. 그래서 사유 재산권의 행사는 곧 인간 자유권의 행사이기도 하다. 이로써 인간의 자유와 존엄성이 보호받고 실현될 수 있다.[5] 전통적으로 그리스도 교회도 이러한 사유 재산 제도의 자연법적 근거를 수용한다.[6]

재물의 원주인은 하느님이다

'재물'은 신학적인 의미로 볼 때, 하느님께서 창조하시고 그 사용과 관리를 인간에게 맡기신, 넓은 의미에서 인간이 자연으로부터 얻는 모든 것을 말한다. 그래서 재물의 원주인은 하느님이시다. 구약 성경 정신에 따르면, 인간이 갖고 있는 모든 소유물은 궁극적으로 창조주이신 하느님께만 속한다. 그분이 빌려 주신 것일 뿐이다. 따라서 아무도 함부로 남의 것에 손을 댈 수 없으며, 이와 동시에 자신의 소유 그 자체를 절대시할 수도 없다. 즉, 소유 관계의 근본을 하느님께로 설정해 놓음으로써

이중적 효과가 발생하는 것이다.[7]

하느님만이 모든 것의 주인이고 그분께만 절대적 소유권이 유보되어 있다는 것이 신학적인 대원칙이다. 이러한 재물 이해는 이미 교부들에 의해 수용되었고, 토마스 아퀴나스(1225~1274)에 의해 정리되었는데, 소유 문제에 관해 교회가 가르치는 바는 오늘날까지 토마스 아퀴나스가 제시한 윤리적 원칙에 의존하고 있다.[8]

엄격한 의미에서 인간은 하느님 재물의 관리자일 뿐이다. 그러기에 관리자의 지위에 초대받은 인간이 행사하는 재물에 대한 소유 권리는 '관리권' 내지는 '사용권'이라고 할 수 있다.

그러나 비록 절대적인 소유 권리는 아니지만 제한적이나마 인간이 재물을 소유하고 사용하는 것(사유 재산 제도)은 관리권과 사용권이란 의미에서 정당한 것이 된다. 이것이 사유 재산 제도에 대한 교회적 이해다.

"프란치스코 성인은 하느님의 절대적 주권에 모든 피

조물이 예속된다고 본다. 그래서 '모든 좋은 것이 그분의 것임을 깨달아 …… 우리는 모든 좋은 것을 그분께 돌려드려야 한다.'(1221년 제1회칙)라고 하였다. 곧 재물을 자기의 것으로 생각하는 사람은 하느님의 주권에 대한 침해자이고 범죄자가 된다는 것이다."[9]

창조된 모든 재물은 온 인류를 위한 것

재물은 개인적 기능뿐만 아니라 사회적 기능도 있기 때문에 사유 재산 제도를 실행함에 있어 재물의 보편적 (사회적) 목적을 간과해서는 안 된다. 재물의 개인적 기능에 따른 사유 재산에 대한 권리가 특정 개인에게만 해당하는 것이 아니라 모든 인간에게 유효하기 때문이다.

재물은 본질적으로 인간의 생존에 봉사하는 것으로 그것이 한 사람에게만 배타적으로 적용될 수 없다. 혼자만의 생존은 인간의 사회적 본성과도 일치하지 않는다.

창조된 모든 재물은 온 인류를 위한 것이다. 하느님께

서 이 세상을 그 안에 있는 모든 것과 함께 모든 인간을 위해서, 그리고 현재의 세대뿐만이 아니라 앞으로 올 세대를 위해서도 창조하셨기 때문이다. 따라서 인간은 누구도 배제되지 않고 모두 다 지상 재물에 대한 '근원적 사용권'을 갖는다.[10]

즉, 신학적인 견지에서 볼 때, 인간의 사유 재산이 '사유물'인 동시에 '공유물'이라는 역설적인 결론이 가능하다. 암브로시오(339~397) 성인은 하느님께서 정해 놓으신 대로, 자연은 모든 재물을 공동으로 사용하도록 인간에게 내준다고 진술한다.[11] 그래서 교회는 개인의 사유 재산 권리를 말하면서도 동시에 재물의 보편적 목적성을 강조하는 것이다.[12]

다급히 필요로 하는 사람에게 나눠 줄 의무

재물의 보편적 목적성으로 인해 사유 재산권의 의미는 사실상 상대화된다. 재물의 보편적 목적성이 사유 재산권보다 우선하는 것이다. 재산의 사적 소유는 절대적인 의미가 없고 조건적으로만 인정된다. 그렇기 때문에 사유 재산권의 행사가 공동선과 부딪칠 때면 언제라도 국가 공권력은 개인 재산권의 행사를 부득이 제한할 수 있는 것이다.[13]

또한 그리스도교적 자연법 전통에 따르면, "현저히 위급한 상황에서는 소유권적 정당 방어의 권리가 누구에게나 있다."라고 합법적으로 말할 수 있다.[14] "아무 잘못 없이 명백한 긴급 상황에 처한 사람은 기존의 소유 질서가 위험에 처한 그를 도울 수 없을 경우, 타인의 부(富)로부터 자신에게 필요한 것을 취할 권리를 지닌다."는 것이다.[15]

《가톨릭 교회 교리서》에서는 재물의 보편 목적성 때문에 재물을 사용함에 있어서도, 그것이 물질적이든 비물질적이든 생산재를 소유한 사람은 그 소출이 대다수에게 유익하도록 써야 하고, 소모품을 쓰는 사람은 절제 있게 써서 남이 가장 좋은 몫을 사용할 수 있게 해 주어야 한다고 설명한다.[16] 그 누구도 이웃의 필요를 고려하지 않고 재물을 사용하거나 심지어 없앨 권리가 없다는 것이다. 재물의 소유자는 책임 의식을 가지고 자신의 재물을 사용해야 할 의무를 지니며 또한 다급히 필요로 하는 사람에게 나눠 줄 의무도 지닌다.

일곱 번째 계명의 목표는 정의의 실현

이미 살펴본 대로 재물이 지니는 개인적 기능과 사회적 기능에 입각해 볼 때 일곱 번째 계명은 구체적으로 무엇을 말해 주고 있는가?

"제7계명에서 사용된 히브리어 동사 'ganab'은 단순히 '훔치다'만을 뜻하는 것이 아니라, '납치하다', '빼앗다', '훔치다', '사기 치다'를 두루 의미한다. 이 금지 명령은 단순히 소유 물건에만 해당되는 것이 아니다. 일차적으로 인간을 노예로 삼거나 노예로 팔려고 그들에게 가하는 폭력적 개입과 관계가 있다. 금지 명령으로 보호되는 최초의 것은 인간의 자유다. 또한 자기가 물려받거나 획득한 소유물을 자유로이 처분하는 것도 이 자유에 포함된다."[17]

즉, 이 계명은 다른 사람이 소유한 재물을 존중하고 그와 더불어 재물 소유권을 지닌 인간을 존중하라는 뜻을 함축하고 있다. "일곱 번째 계명은 …… 인간을 예속시키고 그의 인격적 존엄성을 무시하며, 인간을 상품처럼 사고팔거나 교환하게 하는 행위나 계획을 금한다."[18]

그런데 여기서 중요한 것은 강조점이 인간에게 있는 것이지, 재물 그 자체에 있는 것은 아니라는 사실이다. 재물이 그 자체로 가치가 있어서가 아니라, 재물이 인간의 삶에 봉사하기 때문에 재물을 존중하는 것이고, 그것은 궁극적으로 인간 존중을 지향하고 있기 때문이다.

따라서 일곱 번째 계명이 외적으로는 단순히 재물에 대한 인간의 처신을 언급하고 있지만, 내적으로는 결국 인간 자체에 대한 존중과 더 나아가서 재물의 원주인인 창조주 하느님에 대한 복종까지 뜻한다고 하겠다. 그리고 이것이 '하느님 뜻의 실현'이라는 점에서 신학적인 의미의 정의(正義)의 추구와도 같다고 할 수 있다.

이와 반대로 만일 재물을 함부로 다룸으로써 인간의 자유와 존엄성을 침해하고 또 창조주의 뜻까지 거스른다면 그것이 곧 불의(不義)에 해당한다.

그렇다면 재물에 대한 어떤 처신이 재물과 인간을 존중하는 것이자, 하느님의 질서를 따르는 것이고, 어떤 경우가 그 반대에 해당하는가? 어떤 것이 정의를 따르는 것이고 어떤 것이 불의를 범하는 것인가?

정의와 불의

'도둑질'이란 남의 것을 불법적으로 빼앗는다는 점에

서 정의를 거스르는 행위가 된다. 철학적인 의미에서 기본적으로 정의는 각자에게 돌아가야 할 몫이 제대로 돌아가는 것이다.[19] 이렇게 되지 못할 때 그것은 불의(不義)가 된다. 그래서 정의는 일반적으로 사람들 사이의 '이해 관계의 갈등을 조정하는 원리'라고도 할 수 있다.

최초로 정의에 관한 이론적인 체계를 만든 이는 아리스토텔레스였다. 그는 넓은 의미에서 정의란 '법을 지키는 것', '합법성', '공정성'이라 보았고, 좁은 의미에서는 '분배의 정의'와 동일시하였다. 능력이나 업적에 따른 분배를 정의로 본 것이다.[20]

신학도 전통적으로 정의를 교환 정의(justitia commutativa), 분배 정의(justitia distributiva), 법적 정의(justitia legalis)로 구분한다. 교환 정의는 개인과 개인 간 또는 개인과 단체 간의 거래 안에서 실현되며, 분배 정의는 국가(공권력)가 개인이나 단체에 대해서 '위에서 아래로' 행사하고, 법적 정의는 개인과 단체가 국가에 대해서 공동선을 위한

법이 정하는 바를 따름으로써 '아래로부터 위로' 실현된다.[21)]

"교환 정의는 엄격한 의무를 지운다. 그것은 소유권의 보호와 채무의 변제, 자유로이 계약한 의무의 이행 등을 요구한다. 교환 정의가 없이는 다른 어떤 형태의 정의도 불가능하다. 교환 정의는 시민이 공동체에 대하여 공명정대하게 이행해야 할 것을 정하는 법적 정의와 구별되고, 공동체가 시민의 공헌과 필요에 상응하여 그들에게 이행해야 할 것을 규제하는 분배 정의와도 구별된다."[22)]

일곱 번째 계명이 규정하는 바도 이러한 정의의 실현을 떠나서 생각할 수 없다. "어떤 방식으로든 타인의 재물을 부당하게 빼앗고 사용하는 것은 일곱 번째 계명을 어기는 것이다. 부정을 저질렀을 때는 보상해야 한다. 교환정의는 훔친 물건의 반환을 요구한다."[23)]

그러나 '도둑질'은 교환 정의뿐만 아니라 분배 정의와

법적 정의의 위배까지도 포괄하는 행위다. 공권력이 개인이나 단체의 소유 권리를 부당하게 침해하거나, 반대로 개인이나 단체가 공동선을 거슬러 부당한 이득을 취할 때, 결국 누군가에게 정당하게 돌아가야 할 몫을 가로챈 것과 같기 때문이다. 이처럼 다양한 형태의 '도둑질'은 모두 정의를 파괴하는 것이고 불의가 된다.

다양해진 도둑질의 형태

원시 사회에서 인간이 소유하는 재물이 간단한 만큼, 그에 대한 '도둑질'도 단순할 수밖에 없었지만, 현대와 같이 복잡하고 과학 기술이 고도로 발달한 사회일수록 소유의 형태뿐만 아니라 도둑질의 형태도 다양해졌다고 할 수 있다. 따라서 일곱 번째 계명이 적용되는 상황도 다양해졌다.

인간이 소유할 수 있는 것들로는 먹고 입는 데 필요한 것들뿐만 아니라 집이나 자동차, 현금에 이르기까지 다양하다(a).[24] 질병이나 사고, 노후에 대비한 사회 보장을 비롯하여(b), 도로, 공원, 관청, 학교, 병원 등 공공 재산에 대한 간접적 소유(c), 통신 수단이나 교통수단, 산업 시설과 같은 생산재(d)에 대한 소유도 있다. 현대 정보 사회에서는 지식이나 기술과 같은 정신적 재산의 등장으로 소유 개념에서, 특허권이나 학문, 예술에 대한 지적 소유권, 컴퓨터 프로그램에 대한 저작권 등의 비중이 높아지고 있다.[25]

따라서 일곱 번째 계명이 유형의 물질적 재산뿐만 아니라 무형의 지적 소유 재산에도 적용됨은 말할 것도 없다. 예를 들면 저작물, 음반, 컴퓨터 프로그램 등의 불법 복사가 이에 해당한다.

넓은 의미에서, (a)와 같은 직접적 사유 재산뿐만 아니라 (b), (c), (d)와 같은 사회 재산에 대한 개인의 권리 행사가 부당하게 제한되거나 아예 그 기회가 박탈된다면 그것은 곧 넓은 의미에서 '절도'에 해당한다고 볼 수 있다.

인간 존엄성에 기초한 권리가 침해되는 것도 포함시킬 수 있다. 예를 들면 인간의 정당한 권리가 개인이나 공권력에 의해 무시되거나, 공동체의 집단적 권리가 다른 개인이나 단체에 의해 침해될 때 그것은 곧 정당한 권리를 빼앗긴 것이고 그의 존엄성과 자유권이 침해된 것이다. 정당한 권리는 그 권리를 소유한 사람이나 공동체의 '무형의 소유물'이기 때문에, 정당한 권리를 빼앗긴 것은 보이지 않는 재물을 도둑질당한 것과 마찬가지다.

　"일곱 번째 계명은 …… 인간을 예속시키고 그의 인격적 존엄성을 무시하며, 인간을 상품처럼 사고팔거나 교환하게 하는 행위나 계획을 금한다. 폭력을 써서 인간을 이용 가치나 이득의 수단으로 격하시키는 행위는 인간의 존엄성과 그의 기본권을 거스르는 죄다."[26]

　같은 맥락에서 현대 사회에 산재해 있는 무수한 불평등과 부당한 질서들, 예를 들면 장애인과 여성에 대한 차별, 민족적 내지는 인종적 편견 등으로 인한 경제적 불평등도 넓은 의미에서 제도적으로 그들의 것을 빼앗는 '절도'의 의미를 지닌다.

두 가지 형태의 소유권 침해

도둑질을 통한 소유권 침해를 크게 두 가지 형태로 구분할 수 있다. 첫째는 적극적이고 직접적인 절도로서 타인의 소유권을 침해하는 형태다. "장사할 때의 속임수", "타인의 무지나 필요를 틈타서 물건 값을 올리는 행위", "물가를 인위적으로 변화시키려고 하는 투기, 법에 따라 결정해야 할 사람들의 판단을 빗나가게 하는 매수, 기업의 공유 재산을 가로채서 사적으로 유용하는 것, …… 탈세, 수표와 계산서의 위조, 과도한 지출, 낭비 등"[27]이 구체적으로 여기에 해당한다. 또한 도박이나 내기도 비록 그 자체가 정의에 어긋나는 것은 아니지만, 본인이나 이웃에게 필수적인 것을 박탈할 경우 도덕적으로 용납될 수 없는 행위가 된다.[28] 그리스도교는 교부 시대 때

부터 고리대금, 사기, 착취, 폭리, 인신매매 등의 불의를 적극적으로 단죄해 왔다.[29]

둘째는 소극적인 방식으로의 소유권을 침해하는 모든 종류를 말한다. 정당하게 남에게 주어야 할 것을 주지 않을 때, 비록 남에게서 보이게 빼앗은 것은 없어도 그에게 돌아가야 할 것을 가게 하지 않았으므로 결과적으로는 빼앗은 것이고 불의에 해당한다. "이를테면 빌려 온 재물이나 습득물을 일부러 간직"하거나, 임금을 주지 않거나 부당하게 품삯을 지불하는 행위를 말한다.[30] 과정은 다르지만 두 번째 경우도 첫 번째 경우와 마찬가지로 타인의 소유권을 침해하는 것이다.

여럿이 함께 소유해야 할 재산에 대한 의무

물질적인 재물이든 정신적인 재물이든지 간에 사회적 재산도 사유 재산과 마찬가지로 존중해야 한다. 일곱 번째 계명은 사회 재산에도 적용된다.

사회 보장 제도나 여타 사회적 재산으로부터 부당하게 개인적 이득을 취하는 것은 결국 다른 사람에게 그 부담이 돌아가게 되므로 비도덕적이다. 예를 들면, 보험 사기, 세금 포탈, 관세 포탈을 비롯해서 대중 교통수단의 무임승차 행위, 공공시설의 훼손 등도 여기에 해당한다.[31] 여럿이 함께 소유해야 할 것(공유, 재물의 보편적 목적성)을 혼자 독차지(사적 불법 점유)해서는 안 된다는 것이다.

일을 해야 할 의무

절도를 금지하는 것은 달리 말해 일하지 않고 부당하게 남의 것을 취하지 말고 정당하게 제 손으로 일하라는 적극적 명령을 의미하는 것이기도 하다. 그래서 바오로 사도는 노동의 의무를 그리스도교 신자들에게 수차례 강조하였다.[32] "도둑질하던 사람은 더 이상 도둑질을 하지 말고, 자기 손으로 애써 좋은 일을 하여 곤궁한 이들

에게 나누어 줄 수 있어야 합니다."(에페 4,28)

'도둑질하지 않는다'는 말은 결국 자기 스스로 떳떳하게 일해서 먹고사는 것이다. 그래서 노동은 생존의 수단인 동시에 의무다.[33] 물론 노동을 통해 생존 문제가 해결되더라도 인간의 무한한 욕심은 남의 것을 도둑질하게 만든다. 이런 경우는 욕심을 다스릴 수 있는 방편이 더 필요할 것이다.

그래서 교회는 "현세 재물에 대한 애착을 조절하기 위해서 절제의 덕을 닦아야 하고, 이웃의 권리를 보호하고 그에게 마땅히 주어야 할 것을 주기 위해서 정의의 덕을 실천해야 하며, 황금률에 따라 그리고 '부유하셨지만' 우리를 위하여 '가난하게 되시어 당신의 가난으로' 우리를 '부유하게' 하시려는(2코린 8,9 참조) 주님의 너그러우심을 본받아 연대 의식을 길러야 한다."라고 가르친다.

일곱 번째 계명의 최종적 실현인 사회 정의

'사회 정의'라는 개념은 19세기 이후에 등장했는데, 예수회 사회 철학자 루이기 타파렐리(Luigi Taparelli)와 안토니오 로스미니(Antonio Rosmini)가 처음 용어를 사용한 이래 비오 10세 교황 때 교황청 공식 문헌에 이 용어가 표기되었고, 마침내 회칙 〈사십주년〉에 사회 정의의 개념이 명시적으로 사용되었는데, '사회 정의의 회칙'이라 불릴 만큼 '사회 정의'가 강조되었다.[34]

'사회 정의'와 나머지 정의의 세 가지 기본 형태 간의 관계에 대해서 주장이 분분한데, 일반적으로 '사회 정의'는 여타 세 정의들을 내용적으로 모두 포괄하면서 사회적 차원을 지닌다고 할 수 있다.[35] '개인적 불의'(personal injustice)를 뛰어넘어 '구조적 불의'(structural injustice)의 해소를 통해 '의로운 사회 구조' 건설을 실현하는 것이 사회 정의의 내용이라 말할 수 있겠다.[36]

사회 구조적 차원의 불의들은 개개인의 노력만으로

제거하기 어려운 것이 사실이다. 그래서 예를 들면, 인간 개개인이 지니는 경제 활동의 자유를 보장하기 위해 기업과 국가, 사회가 협력해야 한다. 만일 이러한 제도적 장치나 환경이 부실해서 불의가 조장된다면 이에 대해 국가와 사회가 함께 책임을 져야 한다.

이런 맥락에서 취업의 가능성이 없거나 적정한 임금이 보장되지 못할 때 사회와 기업이 사람들을 '도둑질'하도록 내모는 것일 수 있다. "시장 원리만으로 경제를 조절하는 것은 사회의 정의를 위배하는 것이다."[37] 시장의 원리만으로는 다 충족시킬 수 없는 인간의 필요뿐만 아니라, 시장 자체의 한계도 고려해야 하는 것이다. 이런 점에서 현대 사회의 고질적 문제 중의 하나인 자본주의 시장 경제 체제에서의 대중 실업 현상은 커다란 사회악이다.[38]

교환 정의, 분배 정의 그리고 법적 정의는 분명 개개인의 의로운 삶의 의무를 규정한다. 그러나 능력이나 업적에 따른 교환과 분배 개념은 자신의 능력이나 힘만으로 살아갈 수 없는 사람에 대한 배려를 지니고 있지 않다.

이에 비해 사회 정의의 개념은 능력이 없는 사람도 최소한 인간다운 삶을 살 권리가 있고, 그에 준하는 권리를 보장받아야 한다는 논거에서 연유한다고 할 수 있다.[39] 그래서 사회 정의는 단순한 교환 정의의 차원을 넘어선다. '누구에게나 자기가 한 만큼 몫이 돌아가는 것'이라는 원칙을 넘어서서, 사회 정의는 '누구에게나 그가 필요한 만큼이 돌아가는 것'임을 강조한다.[40]

사회 정의는 노동자와 고용주 사이에서만 요구되는 것이 아니라, 경제적 요인을 넘어서 사회의 인간관계 전반, 사회 질서 전체를 포괄한다. 말하자면 "사회 정의는 경제적 불평등이나 어려움만의 극복을 뜻하는 것이 아니라, 모든 분야에서 모든 인간의 동등한 품위(존엄성)의 총체적이고 효과적인 인정을 의미한다. 그럼에도 불구하고 현대 세계의 경제적인 문제들은 인류의 양심에 특별한 도전(Herausforderung)이 되고 있다."[41]

　일곱 번째 계명을 물질적 차원에만 국한한다면 그 계명의 실천은 '경제적 정의'의 실현과 직결된다. 경제 정의는 곧 소득 분배의 정의라고 할 수 있고, 그것은 전체적으로 경제 민주화의 추진과 맞물려 있다.[42]

　구조적이고 조직적인 형태로 사람들이 경제적 분배에 참여할 정당한 기회를 얻지 못할 때, 이는 사회 구조에 의해서 재산권 행사의 자유가 박탈되는 것과 같다. 일곱 번째 계명이 겨냥하고 있는 인간 존엄성에 대한 전체성을 고려하면, 즉 계명이 인간 권리의 박탈, 그로 인한 인간 존엄성의 유린까지도 규제한다고 볼 때, 전체 사회 안에서의 구조적인 인간 소외의 문제도 당연히 이 계명에 의한 규제 대상이 된다. 그렇다면 이 계명의 실천은 단순한 산술적 경제 정의의 차원을 넘어서서 사회 정의의 구현으로까지 확대되어야 한다고 할 수 있다. 개별적 정의의 원리만으로는 보호받지 못하는 인간 모두에 대한 의무를 규정하는 사회 정의는, 일곱 번째 계명의 최종적 실현이라고 말할 수 있다.

국가들 사이에도 요구되는 사회 정의

사회 정의 실현에 대한 일곱 번째 계명의 이와 같은 요구는, 사유 재산권의 보호와 정의로운 행사라는 재물의 첫 번째 기본 원리뿐만 아니라, 재물의 보편 목적성에도 근거하고 있음을 알 수 있다.

그런데 이런 정신이 시야를 넓혀 국가 간의 경제 질서에서도 똑같이 요구된다.[43] 하느님께서 세상을 어떤 한 나라만을 위해서 창조해 주신 것이 아니기 때문이다. 그러나 오늘날 얼마나 많은 나라들이 이런 정신을 실천하려고 하는가? 현실은 개별 국가적 이해 관계에 의해 복잡하게 얽혀 있는데, 서로가 자국의 이익 실현에 과도히 집착하고 있음을 부인하기 어렵다.[44] 이러한 현실은 국제 관계 안에서도 사회 정의 실현이 요구된다는 점을 알게 해 주고, 그로써 일곱 번째 계명의 지구적 지평을 엿볼 수 있게 해 준다.

오늘날 선진국과 개도국 사이의 경제적 격차는 날로 커져서, 최대의 물질적 풍요와 최대의 빈곤을 동시에 구가하는 시대가 되었고, 불의에 관한 의식과 정의에 대한 요구도 폭넓은 공감대를 형성하고 있다.[45] 후진국의 발전을 방해하는 '사악한 구조', 불공정 교역 관계, 저개발 문제, 군비 경쟁 따위는 사회 정의의 실현이 지구적(地球的, global)으로 요청되고 있음을 보여 준다. 선진국과 후진국 간에 존재하는 경제적 불균형은 현시대의 구조적인 사회 불의의 전형을 보여 준다.[46] 그래서 국제 관계 안에서의 사회 정의의 실현이 교회적 주요 관심사가 된 지도 이미 오래되었다.[47]

"부유한 나라들은, 자신의 발전 수단을 스스로 확보할 수 없거나, 비극적인 역사적 사건들로 인해 발전에 방해를 받는 나라들에 대해 도의적으로 중대한 책임을 지고 있다. 이는 연대성과 사랑의 의무다. 부유한 나라들이 누리는 복지가 공정한 대가를 치르지 않은 자원으로 얻어진 것이라면, 정의를 지켜야 할 의무가 있다."[48]

이 점에서 그리스도교인들에게는 '정의의 의무'를 회복하는 것이 시급하다고 하겠다. 말하자면 모든 인간이 물질적 필요를 충족할 수 있는 그런 국제적 경제 조건을 창출하는 것이다. 이런 요구와 그에 대한 노력은 비인간적 조건 속에서 살아가고 있는 가난한 나라의 사람들에 대한 인간 존엄성의 보편적 확인이고 실현이며 일곱 번째 계명의 지구적 실현이다.

새롭게 요구되는 생태 정의

국제 관계에서의 경제 구조적 불의는 자연 파괴와도 깊이 연관되어 있다. 그를 통해 동시대뿐만 아니라 미래 세대의 생태학적 생존 권리까지도 침해된다는 관점에서 일곱 번째 계명의 의미를 살펴볼 수 있다.

지구적 자연 파괴의 심화는 사유 재산에 대한 잘못된 개념에서 비롯된다고 할 수 있다.[49] 자연은 하느님의 것이고 모든 인류에게 맡겨진 하나의 창조다. 그래서 "창조주께서 인간에게 주신 무생물과 생물에 대한 지배권은 절대적인 것이 아니다. 이 지배권은 미래 세대들을 포함하여 이웃에게 쾌적한 생활 환경을 물려주어야 하겠다는 배려로 제한을 받는 것이다. 이 지배권은 피조물 전체에 대한 세심한 배려를 요구한다."[50] 그런데도 인간이 자연을 자기의 것으로 착각할 뿐만 아니라, 이익을 내는 재화로만 여겨 착취해 온 것이다.

여기서 이중적인 소유권 침해가 발생한다. 첫 번째는 지구적 환경 위기에 대한 역사적 책임이 거의 대부분 북반구의 선진국에게 있음에도 불구하고, 그로 인해서 남반구의 후진국들은 자신들의 생존을 위협받고 있는 것이다.[51] 선진국의 낭비적 생활이 제3세계의 가난을 초래하는 한편, 가난한 나라들이 그들의 자연을 싼값에 팔 수밖에 없는 국제 관계상의 구조적 불의를 만들어 내고 있다. 이것은 교환 정의의 의무만으로 해결할 수 없는 문제다.

또 다른 하나의 소유권 침해는, 현재의 세대가 지구 자연을 마구 착취함으로써 미래 세대의 생존권마저 위협하고 있는 것이다. 이것은 미래 세대의 생존권을 담보로 현재의 물질적 풍요를 유지하는 총체적 불의이고, 우리 후손을 희생시키는 착취에 해당한다. 따라서 지구 자연에 대한 다음 세대의 권리를 지켜 주는 일은 정의의 의무고, 일곱 번째 계명에 대한 21세기적 응답이라고 할 수 있겠다.[52]

이런 점에서 인류는 생활 방식을 변화시키지 않을 수 없다. 지구 자연이 만인을 위한 것이어야 하는데, 인간의 욕망은 끝이 없지만 그 욕망을 충족시켜 줄 자연은 한정되어 있기 때문이다.[53] 그리고 이런 삶의 변화를 그리스도교 신앙이 더 용이하게 해 줄 것이다. 창조 신앙 안에서 신앙인은 창조주 앞에 언젠가는 자신의 삶을 바쳐야 할 것이기 때문이다.

가난한 이들에 대한 '사랑'은 계명의 완성

일곱 번째 계명이 재물을 통한 인간 사회 안에서의 정의 실현에 그 목표를 두고 있다면, 정의의 실현을 완성시켜 줄 수 있는 것은 사랑의 덕목이다. 그리스도교 윤리는 실상 단순히 분배 정의, 교환 정의, 법적 정의의 차원을 뛰어넘는다. 사회 정의가 이 모든 것들을 포괄하고 보완한다고 했는데, 이는 인간 존엄성에 따른 본성적 요청이라고도 할 수 있다. 그러나 그리스도교적 사랑의 덕목은 사회 정의의 실현을 초자연적으로 승화시킨다.

포도원 일꾼과 품삯에 관한 비유(마태 20,1-16 참조)는 일한 만큼에 따른 정의로운 분배 원리로는 이해될 수 없다. 하느님의 인간을 향한 사랑과 자비의 법칙이 정의의 원리를 넘어서고 있다.[54] 따라서 그리스도교적 의미에서 정의 구현은 이성적인 차원에만 머물지 않고 하느님의 초자연적 사랑의 차원에서 이뤄지는 것이다.

"정의는 하느님 사랑을 나누어 갖는 것 외에 다른 것이 아니다. 다시 말해 하느님 사랑에 참여하는 것이다."[55]

정의는 사랑의 필수적 도구라고 할 수 있으며, 사랑은 정의에 내적 생명력을 불어넣어 완성시켜 준다. 이 둘이 상호 보완적으로 결합하여 궁극적으로 사회의 공동선을 추구하는 것이다.[56]

사랑의 명령과 하느님 사랑에 대한 참여는 감상적 차원으로 평가 절하될 수 없고 이웃의 인격적 존엄성과 그의 포기할 수 없는 권리에 대한 존중 안에서의 구체적인 행동으로 표현되어야 한다.⁵⁷⁾ 그래서 그리스도인에게 정의를 실천하는 것은 곧 사랑을 실천하는 것과 같다.

그리스도인이 사랑한다고 하면서 불의를 모른 척한다면 자신의 정체성을 저버리는 것이 된다.⁵⁸⁾ 예수님께서는 가난한 이들을 위한 부자들의 의무를 강조했고, 부의 남용을 날카롭게 비판하셨다(마태 10,28 참조).

요한 크리소스토모 성인은 "자신의 재산을 가난한 이들과 나누어 갖지 않는 것은 그들의 것을 훔치는 것이며, 그들의 생명을 빼앗는 것"이라고 역설하고, 대(大) 그레고리오 성인은 "가난한 이들에게 필수적인 물건들을 줄 때, 우리는 그들에게 우리의 것을 선물로 베풀어 주는 것이 아니라, 자신의 것을 돌려주는 것"이라고까지 가르친다.⁵⁹⁾

이에 따라 초대 교회 신자들은 형제적이고 그리스도교적 정신에서 자기가 가진 것을 내놓을 줄 알았고, 이런 사랑의 나눔 행위(diakonia)가 후에 부제직을 통해(사도

5,4; 6,1-3 참조), 그리고 교부들의 가르침을 통해 오늘날까지 강조되어 온다.[60] 자선은 곧 그리스도교적 정의와 사랑의 실천 행위가 된 것이다.

소유로부터 자유로운 신앙인의 삶

일곱 번째 계명은 비록 부정형으로 표현되었지만, 인간의 자유 실현과 사회·경제적 정의의 실현을 촉구하는 긍정적이고 적극적인 계명이다.[61] 인간의 자유와 재물의 소유를 삶의 기반으로 존중하며, 모두가 공존할 수 있는 정의와 사랑의 세상을 실현하는 데에 계명의 궁극적 의미가 있다고 하겠다. 그래서 가톨릭교회는 사회 문헌들과 여러 기회를 통해 사유 재산이 지닌 보편 목적성을 확고히 밝히고, 재물을 통한 자유와 행복의 추구를 모든 사람이 정의의 원칙에 따라 함께 나눌 것을 실제로 가르쳐 왔다.

그러나 현대 사회의 모습은 여전히 그리스도교적 정신과는 다른 '개인주의'와 '자유주의'로 각인된 사적 소유 개념이 지배적이 아닌지 묻지 않을 수 없다.[62] 그리스도교 신자들도 자신의 생활 속에서 무의식 중에 이런 오류에 노출되어 있다고 하겠다. 한 번 내 것인 것을 영원한 내 것으로 착각하여, 이웃의 필요를 고려하지 않고 자기만을 생각하는 자세는 그리스도교적 삶에 어울리지 않는다.

재물에 대한 완고한 자세는, 비록 재물의 취득과 관리에 있어서 타인의 것을 부당하게 얻은 것이 아니라 일곱 번째 계명에 저촉되지 않는다 하더라도, 재물의 보편 목적성으로 인해 계명의 요구를 완전히 비켜 갈 수는 없다. 재물은 처음부터 유한한 것인데 한쪽이 필요 이상으로 많이 소유하면 다른 한쪽은 필요한 것도 갖지 못할 수 있기 때문이다. 이는 나아가 재물의 보편 목적성을 거슬러, 보이지 않는 불의가 될 수밖에 없다.

이 점에서 '우리가 많은 경우에 도둑'이라는 마하트마 간디(Mahatma Gandhi, 1869~1948)의 지적을 새겨들을 필요가 있다.

"만일 내가 지금 당장 필요하지 않은 것을 취해서 간직한다면, 나는 어쩌면 그것을 다급히 필요로 하는 다른 누군가로부터 훔치는 것일지 모릅니다. 만일 누구든지 각자가 단지 필요한 것만 갖고 더 이상은 취하지 않는다면, 이 세상에는 물질적 곤궁이 존재하지 않을 것이고, 아무도 굶어 죽지 않을 것입니다. 하지만 우리가 현재의 불평등을 고수하는 한 우리는 도둑질을 계속하는 것입니다."[63]

그리스도교는 초대 교회 때부터 필요한 만큼만 소유할 줄 아는 지혜와 마음의 수양을 위해 복음 삼덕 중의 하나인 자발적 '가난의 덕'을 제시했다. 이로써 일곱 번째 계명이 가장 근본적이고 완전한 방법으로 실현될 수 있는 길을 열어 놓은 것이다. 내면으로부터 가난의 마음을 지닌다는 것은 재물 그 너머에 계신 재물의 참소유주인 하느님을 바라보는 것이다. 신앙인의 눈으로 볼 때 참으로 '나의 것'이란 없음을 고백하는 것이고, 소유에 대한 집착에서 자유로워지는 것이다.

물론 그리스도인이 세속 재물 자체를 경멸하거나 무조건 부정하는 것은 아니다. 욕심과 이기주의로 형성된 내면적 태도를 문제 삼을 뿐이다. 재물에 대해 그릇된 마음이 결국 죄와 불의를 불러오고 인간의 자유마저 위협하기 때문이며, 정의와 사랑이 깨지고 사회적 가치 질서의 토대가 무너질 수 있기 때문이다.[64]

교황청 사회 문헌을 통해 살펴본 재물에 관한 교회의 가르침

교황청 사회 문헌을 통해 살펴본 재물에 관한 교회의 가르침

사유 재산권에 대한 교회의 전통적 이해는 사유 재산의 사회적 성격, 재산 자체가 지니는 "내적 사회적 연관성"에 근거하여 사유의 권리가 재물의 공공 목적성에 의해 제한된다는 것이다.[1] 즉 만인을 위한 재물로서의 특성을 살리지 못할 때는 비록 사유 재산권이 자연권적 특성을 지닌다 하더라도 정당성을 획득하지 못하는 것이었다.

그러나 레오 13세 교황은 〈새로운 사태〉 문헌에서 공산주의 사조에 대항해야만 했다. 사유 재산을 모든 악의 근원이요, 인간 사회의 원죄로서 단죄하는 공산주의에 맞서, 교황은 무엇보다 먼저 사유 재산의 정당성을 우선적으로 강조하게 된다. 그래서 상대적으로 소유의 사회적 성격과 책임을 소홀히 취급하는 인상을 남겼던 것이다.[2] 이로 인해 마치 교회가 사유 재산의 보편 목적성을 포기한 듯한 오해도 생겼다. 그러나 이런 오해는 비오 11세 교황의 회칙 〈사십주년〉 이후 제2차 바티칸 공의회를 거치면서, 원래의 균형을 되찾음으로써 해소되었다.[3]

이와 같은 맥락에서, 〈새로운 사태〉부터 〈백주년〉에 이르기까지 각각의 사회 문헌들이 재물의 소유와 정의의 문제에 대해, 또 일곱 번째 계명과 관련하여 어떤 가르침을 주는지 살펴볼 것이다. 문헌마다 중복되는 내용이 있음에도 불구하고 모두 언급한 이유는 이 주제 자체가 사회 교리 안에서 지니는 비중뿐만 아니라, 이에 대한 교회의 일관된 관심을 드러내고 강조하기 위함이다.

〈새로운 사태〉(1891년)

이 기념비적 문헌의 중심 주제는 '노동자 문제'지만 그 이면에 사유 재산 문제를 핵심 내용으로 다루고 있다.[4]

문헌은 "극소수의 탐욕스러운 부자들이 가난하고도 무수한 노동자 대중들"을 착취한다는 시대적 진단과 함께 성행하는 고리 대금업을 '남의 것을 빼앗는 불의'로서 단죄한다(1항). 이러한 폐단을 없애기 위해 사회주의자들은 아예 사유 재산 제도를 없애고 재산을 공유화할 것을 주장하지만, 교회는 사유 재산 제도를 강한 어조로 옹호한다(2, 11항).

인간이 노동을 하는 근본 동기가 사유 재산에 있으며(3항), "사유 재산권은 인간의 타고난 권리", 즉 인간의 "기본권"이기 때문에 사유 재산권의 침해는 정의에 어긋난다는 것이다(4항). 이런 입장을 "인간이 자기 재산을 소유하는 것은 인간의 생활에 정당하고, 나아가 필수적이다."《신학대전》II-II, q.66, a.2)라는 토마스 아퀴나스의 말로써 다시 강조한다(16항). 사유 재산권은 인간 본성과(5항), 자연법에 온전히 부합하며(7항), 그러기에 신법과 실정법으로도 보호된다(8항).

〈새로운 사태〉에서는 인간이 땅을 지배하도록 하느님께서 허락하신 것을 사유 재산의 소유와 연관시켜 설명한다. "한 특정인에게 어느 한 부분의 땅도 독점 분배되지 않고 개인의 노력과 각 민족들의 제도에 따라 사적 소유의 규정이 허용되어야 한다는 뜻으로 하느님께서 모든 사람에게 땅을 선사하셨다."라는 것이다.

단, 토지의 사적 분배가 근본적으로 언제나 공동의 이익을 지향하고 있다는 점을 빼놓지 않으며(6항), 토마스의 진술을 다시 인용한다(16항). "인간은 물질적 재물을 자신의 것으로뿐 아니라, 공동의 것으로 가져야 한다." 《신학대전》II-II, q.65, a.2)

사유 재산은 가정의 독립과 유지에 필수적이므로 가

정이 국가보다 우선권을 지닌다고 할 때(9항), 이는 곧 사유 재산권을 국가가 침해할 수 없도록 못박고 있음을 알 수 있다. "사유 재산권은 인간의 법이 아니라 자연법에서 나온 것이므로 국가는 그것을 폐지할 수 없으며, 다만 재산의 사용을 규제하고 또 공동선과 융화될 수 있도록 유도할 수 있을 뿐이다."(33항) 세금의 징수가 이에 해당한다.

그러나 국가가 "다른 사람들이 가진 것을 빼앗거나 평등을 빌미로 하여 다른 사람의 재산을 침해"한다면 "정의와 공동선이 결코 용납하지" 않는다고 하여, 국가의 사유 재산 보호 의무를 강조한다(28항). 말하자면 국가가 부당하게 개인이 바쳐야 할 것 이상의 세금을 징수한다면 그것은 "부당하고 비인간적인 처사"가 된다(33항). 일반적으로 개인의 세금 포탈 행위가 일곱 번째 계명에 저촉된다고 볼 때, 여기서는 국가에 의한 부당한 과세도 같은 문제를 낳는 것으로 볼 수 있겠다.

이와 같이 분배 정의를 구현하는 것이 국가의 의무인데, 국가가 이 본분을 다하지 않으면 "각 사람에게 각자의 몫이 되돌아가게 해 주는 정의"가 손상되는 것이다(24항).

자본가와 고용주가 노동자들의 정당한 임금을 주지 않는 것은 '그들의 것'을 도둑질하고 착취하는 중대한 불의로 단죄한다(14항). 노동자에게 공정한 임금이 보장되지 않을 때, 비록 그것이 쌍방 합의에 의해 정해진 임금이라 할지라도 그것은 폭력이며 정의에 어긋난다는 것이다(32항).

애덕의 의무에 관해서도 언급한다. 자기에게 필수적인 것까지 내놓아야 할 의무는 없지만, 적어도 그 이외의 것들은 궁핍한 사람들을 위해 내놓아야 할 의무가 있음을 강조한다(16항).

〈사십주년〉(1931년)

사유 재산권에 대한 교회의 이해는 인간의 개인성과 사회성 모두에 기초하고 있다. 어느 한편을 배제할 경우 초래되는 개인주의와 집단주의의 오류를 피하고, 개인적이면서도 동시에 공동선을 지향하는 전통적인 사유 재산 소유의 관점을 재차 확인한다(19항). 〈새로운 사태〉의 정신을 따라 소유권과 사용권을 서로 구분하고(20항), 사유 재산권의 자연법적 정당성과 공동선을 위한 사용을 강조한다(21항).

25항에서 노동자들에 대한 자본가의 임금 착취에 대해 언급하는데 이것도 일곱 번째 계명과 관련된다. 그러나 노동의 결과로 생긴 이윤을 모두 자기 것이라고 주장하는 자본의 모순된 논리만큼이나, 그것들이 모두 노동자의 권리에 속한다는 주장도 정당한 것이 아니라고 지적한다(26항).[5] 창조된 재물은 공동선의 증진을 위해 정의롭게 분배되어야지 어느 한편이 다른 편을 배제할 수는 없기 때문이다(27~28항). 따라서 노동자와 기업 양측의 조건과 동시에 공동선의 요구, 이 세 가지가 적정한 임금 책정을 위한 기준이 되어야 한다는 것이다(32~34항).

이는 곧 노동자가 사용자의 것을 빼앗는 것도, 반대로 사용자가 노동자의 것을 부당하게 빼앗는 것도 모두 정의에 어긋난다는 말이다. 공동선의 기준은 임금이 무조건 높거나 낮지 않아서 그로 인해 가능한 대로 많은 이들에게 고용 기회와 생계 보장의 혜택이 돌아가게 되는 것이다. 이러한 자본-노동의 관계는 "교환 정의"(commutative justice) 법칙과 공동선을 위한 "사회 정의"(social justice) 법칙에 부합한다(43항).

그리스도교 정신은 덧없는 현세적 재산에 대한 애착심을 경계한다. 양심을 저버리고 도덕적 타락을 부추기는 재물에 대한 집착 때문에 영혼이 황폐해진다고 교황은 경고한다(52~55항).

〈하느님이신 구세주〉(1937년)

　무신론적 공산주의에 관한 경고를 주 내용으로 삼은 이 회칙에서 비오 11세 교황은 〈사십주년〉에서 언급한 임금 정의에 관한 가르침을 다시 확인한다(31항). 다시 한 번 현세 재물에 대한 집착에서 벗어날 것을 강조하는 데(44~45항), '재물에 대한 집착에서 벗어나는 것'과 '애덕(자선)의 실천'은 상보적으로 한 짝을 이루고 있다. 재물에 대한 집착에서 자유로운 마음이 자연스럽게 자선으로 표현된다는 것이다.

　일곱 번째 계명과 연관하여 볼 때 교황의 가르침은 적극적인 의미를 제시한다. 그리스도교 윤리가 도둑질하지 않는 정도에서 끝나는 것이 아니라 오히려 자선과 애덕의 실천을 명령하고 있다는 점이다. 남의 것을 훔치거나 빼앗지 않는 것만으로는 부족하고, 애덕의 실천을 통해 참으로 재물에 집착하지 않는 정신을 실천하라는 것은 일곱 번째 계명에 대한 그리스도교의 적극적 응답이라고 할 수 있다(46~48항 참조).

사랑과 정의에 관해서 교황은 "사랑이 정의를 부단히 고려하지 않는다면 참사랑이 될 수 없다."라고 강조하며, 사랑이 율법의 완성이라는 바오로 사도의 가르침(로마 13,8-9 참조)을 인용한다.

"살인이나 도둑질을 금하는 엄정한 정의의 계명을 비롯해서 모든 계명이 참사랑의 계명 하나로 소급된다. 그렇다면 엄밀한 정의에 따라 마땅히 노동자가 받아야 할 임금을 노동자에게서 빼앗으면서 행하는 '자선'(caritas)은 결코 참다운 사랑(caritas)이 아니며 빈 껍데기요 공허한 허식에 불과하다. 임금 노동자는 정의에 따라 자기에게 돌아와야 할 몫을 구호금을 받듯이 받아서는 안 된다."(49항)

이런 점에서 교황은 노동자의 정당한 임금을 착취하는 고용주들의 행태를 크게 개탄한다(50항). "노동자들이 자기 자신과 가족의 생계를 안전히 도모할 만큼의 임금을 받지 못하고 있는 한, 사회 정의가 충족되었다는 말은 결코 할 수가 없다."라는 것이다(52항).

〈어머니요 스승〉(1961년)

요한 23세 교황은 이 문헌에서 전임 교황들이 언급한 '사유 재산'과 '임금 정의'에 대한 가르침을 재확인하고 그 중요성을 높이 평가한다.

사유 재산 권리는 인간 자유와 깊이 연관되어 있고 창조주 하느님의 규범에 부합하는 것으로, 달라진 시대적 상황과 진보된 노동관에도 불구하고 그의 정당성은 변하지 않았다(104~111항).

사유 재산권은 자연권이지만, 그의 사회성 때문에 자기만의 유익이 아니라 공동의 선을 지향해야 한다(19~30

항 참조). "사유 재산권에는 근본적으로 사회적 책임이 있다."(119항)라는 것이다. 그래서 근본적으로 모든 사람이 자신의 생계를 위해서 지상 재물을 사용할 권리는 자연권인 사유 재산권보다도 우선한다. 사유 재산권 자체가 틀린 법은 아니지만, 남의 생존권을 침해하면서 지킬 만큼 신성불가침의 법은 아니다. 그것은 재물의 사회성 때문에 그렇고, 이 점이 무시되면 사유 재산권이 개인주의적 남용의 수단밖에는 되지 못한다는 것이다(43항).

회칙 〈어머니요 스승〉은 정의의 문제를 교회 문헌 가운데서 처음으로 세계적 지평으로 확대했다는 점에서 기념비적인 성격을 지닌다.[6] 교황은 세계 도처에서 많은 노동자들이 적은 임금으로 극도의 비참한 환경 속에 살고 있음을 통탄하며, 그들이 부당하게 대우받는 대신 그런 일을 방치하거나 오히려 의도적으로 조장하여 빈부 격차를 늘리고 부당한 임금 정책을 고수하는 국가의 책임을 거론한다(68~70항). 적어도 "노동자가 인간적인 생활을 할 수 있고 가족 부양의 책임을 적절히 수행할 수 있는 임금"(71항)을 받아야 함을 강조한다. 이것이 정의와 형평의 규범에 맞기 때문이다. 노동자의 임금은 쌍방 협약으로 맺은 것이라도 정의와 형평의 원칙에 따라야만 정의롭다고 할 수 있다(18, 21, 31항).

이러한 공정한 임금 결정의 기준으로 교황은 전임 교황들의 지침을 따라 네 가지를 제시하는데, 이는 〈사십주년〉 32~34항에 명시된 세 가지 기준과 거의 일치한다. 그러나 〈어머니요 스승〉은 노사 양편에 대한 고려와 더불어 셋째 조건인 공동선을 개별 국가적 차원과 국제적 차원으로 세분하였다(71, 78~81항).

복지 국가의 제도적 발전이 재물의 사회적 성격이나 개인의 애덕 의무를 없앨 수는 없다고 못 박는다(120항). 더구나 현세 재물에 대한 집착을 끊고 이웃에게 애덕을 실천해야 함은 복음의 명령이라는 것이다(121항). 국가 간 경제 격차에 대한 정의의 의무를 강조하면서 "재화가 충분하고도 풍부한 나라들은, 빈곤과 기아 문제에 시달리며 인간 고유의 당연한 기본권조차 누릴 수 없는 다른 나라의 곤경을 수수방관할 수는 없다."(157항)라고 역설한다.

〈지상의 평화〉(1963년)

임금 정의에 관한 전임 교황들의 가르침을 재확인한다. 노동자들이 정당한 임금을 받을 권리가 있기에, 그들의 임금이 정의의 기준에 따라 결정되어서 "노동자와 그 가정이 인간 품위에 맞는 생활 수준을 유지하도록 충분하게 지급"(20항)되어야 한다는 것이다. 또한 사유 재산권은 인간 본성에 따른 자연스러운 권리고(21항), 본질적으로 사회적 기능을 포함하고 있다고 진술한다(22항). 공권력은 노동의 보수가 "정의와 공평의 기준에 따라 지급되도록" 관리해야 할 책임이 있다(64항).

〈사목 헌장〉(1965년)

공의회는 재물 취득의 수단이 노동이고, 이를 통한 재물의 사적 소유가 정당하다는 전제 아래 임금 정의에 관해 전임 교황들의 가르침을 재차 다음과 같이 확인한다. "노동의 보수는 각자의 임무와 생산성, 기업의 상황과 공동선을 고려해서 본인과 그 가족들에게 물질적·사회적·문화적·정신적 생활을 품위 있게 영위할 수 있는 수단을 제공할 정도의 것이라야 한다."(67항)

그러나 재물의 사적 소유는 보편 목적성의 원리 아래 있다. 세상의 재물은 모든 이를 위해서 창조주께서 마련하신 것이기에, "창조된 재화는 사랑을 동반하는 정의에 입각하여 모든 사람에게 공정하게 제공되어야 한다."라는 것이다. 자기의 소유물이 단순히 '사유물'에 그치는 것이 아니라 동시에 '공유물'이기도 하다는 것이다. 이 점은 전임 교황들이 누차 확인했던 재물의 사회성 내지는 소유의 사회적 책임에 관한 내용이다. 이에 따라 "빈곤의 극을 겪고 있는 사람은 필요한 것을 타인의 재화에서 취득할 권리"가 있다(69항).

이는 공의회가 재산의 사적 취득과 소유를 '인격의 표현'으로서 긍정적으로 평가하지만, 궁극적으로 사유 재산권의 행사가 공동선을 저해하지 않아야 한다는 기본 원칙을 천명한 것이다. 그리고 이 기본 원칙을 관리할 책임이 국가에 있음을 명시한다(71항). 그리고 모든 국가는 자기만을 생각할 것이 아니라, 다른 국가의 정당한 요구와 필요도 함께 고려하여 "인류 가족 전체의 공동선"을 추구해야 하며(26항), 이 점은 특히 선진국과 후진국 간의 경제 관계 안에서 새로운 세계 경제 질서 확립을 위한 변화로 드러나야 한다(85항).

그러나 현대 세계는 경제 만능주의, 사회적·경제적 불평등, 사치와 빈곤의 공존, 선진국과 후진국 간의 대립이라는 부조리를 드러내고 있다(63, 66항). 특별히 국제적 빈부 격차의 심화를 '스캔들'로 진단하고 가난한 이들을 돕기 위한 신자들의 의무를 환기시킨다(88항). 가난한 사람을 도울 때, 쓰고 남는 것만을 도와주는 것으로는 부족하다. 공의회는 기아로 죽는 사람들을 위해 원조와 나눔이라는 애덕의 실천에 모두가 나설 것을 호소하며 교부들의 말씀을 인용한다. "기아로 죽어 가는 사람들에게 먹을 것을 주라. 먹을 것을 주지 않으면 그대가 그 사람을 죽이는 것이다."(69항)

〈민족들의 발전〉(1967년)

바오로 6세 교황은 부유한 민족들을 향한 굶주리는 민족들의 처절한 호소를 시대의 중대 문제로 인식하여, 도움을 청하는 이들에게 따뜻한 사랑의 손길을 호소한다(3항).

땅이 모두를 위한 것이고 누구라도 거기서 필요한 것을 얻을 권리가 있다는 재물의 보편 목적성을 〈사목 헌장〉 69항을 인용하여 강조한다. 정의에 입각하여 재물은 모두에게 공정하게 분배되어야 한다는 원칙이 사유 재산권 자체보다도 앞선다는 것이다(22항).

일곱 번째 계명과 관련하여 이 문헌은 중요한 진술을 한다. 아무리 자기 소유의 재산이라 하더라도 자신에게 필요한 것 이상을 독점하고 있는 것은 부당하다는 것이다.

"사유 재산권은 그 누구에게 있어서도 무조건적이며 절대적인 것이 될 수는 없다는 뜻이다. 남들은 생활 유지에 필요한 것도 없는데 자신에게 필요한 것 이상의 재화까지를 자신을 위해서 독점해 둔다는 것은 그 누구에게도 부당한 일이다."(23항)

사유 재산권이 절대성을 지니지 않는다는 의미에서 가난한 사람에게 무엇인가를 희사할 때 그것은 내 것을 주는 것이 아니라, 원래 그의 것을 그에게 다시 돌려주는 것일 뿐이라는 암브로시오 성인의 말을 상기시킨다.

재물의 사회성에 의거하여 문헌은 다음과 같이 진술한다. "조국의 자원과 국민의 노동으로 막대한 수익을 얻은 사람이 조국에 명백한 손실을 초래한다는 생각은 아랑곳없이 개인의 이득만을 위하여 수익의 대부분을 국외로 반출시켜 축적한다는 것은 절대로 안 될 말이다."(24항) 이런 행위는 남의 것을 도둑질하는 것과 다르지 않다는 것이다.

'독점'은 도둑질에 버금가는 불의다. 왜냐하면 독점은 다른 사람의 재물 소유나 사용을 차단함으로써 재물이 지니는 본래의 보편 목적성을 폐기시켜 버리기 때문이다. 그런 의미에서 독점을 합법화하는 무제한의 자유 자본주의 경제 제도는 비인간적이고 부당하다고 비판한다. 여기서는 경제가 인간에 봉사하는 것이 아니라, 인간이 오히려 경제에 종속되어 버리기 때문이다(26항).

재물의 사회적 성격으로 인해 가난하고 굶주린 개인을 돕고 그들의 정당한 권리를 찾게 하는 일은 국가 간의 관계에도 그대로 적용된다. 선진국은 후진국을 도와야 할 의무가 있음을 명시한 〈사목 헌장〉 86항을 재인용하면서 어느 국가도 부를 독점해서는 안 된다는 점을 역설한다(48항).

"빈곤한 민족은 날로 더욱 빈곤해지고 부유한 민족은 날로 더욱 부유해"지는 불균형을 직시하고(57항), 선진국과 후진국 간의 정의로운 관계가 더 이상 저절로 보장되지 않는다고 함으로써 자유 시장 경제의 한계를 지적한다(58항).[7]

한쪽에서 무수히 많은 사람들이 기아로 죽고 빈곤과 저개발로 인해 고통당하고 있는 현실에서, 다른 한쪽에서는 개인과 국가가 허영심을 채우기 위해 돈을 쓰고 군비 경쟁에 재물을 낭비하는 것을 경고한다(53항). 일곱 번째 계명이 지구적인 차원에서 어떤 의미를 지니는가를 숙고하게 해 주는 지적이라 할 수 있다.[8] 회칙 〈새로운 사태〉가 "노사 간 쌍방 합의에 의한 임금 계약이라도 공정하지 않으면 정의에 어긋난다."(32항)라고 지적한 것을, 〈민족들의 발전〉은 국가 간의 통상 관계에 적용한다(59항). 자유 무역 경제가 자칫 강대국들에 의한 "경제적 독재"에 빠질 위험을 경계하고 정의의 원칙을 강조한다. 그렇지 않을 때 국가 간의 무역에서도 합법적으로 '도둑질'이 가능해지기 때문이다(61항 참조).

〈팔십주년〉(1971년)

현대화와 발전의 변화 속에서 국가 간의 경제적 불평등이 심화되고 있음을 '중대한 문제'로 파악한다. "어떤 지방은 재화의 풍요로움을 마음껏 누리는가 하면 한편에서는 굶주림에 신음하고 있다."라는 말로 세계의 불의를 진단하고 '더 나은 정의'를 향한 시대적 갈망에 귀 기울이고자 한다(2항).

노동자와 그 가족들의 품위 있는 생활을 영위할 수 있는 임금을 '정당한 보수'로 제시하면서 공의회와 전임 교황들의 견해를 다시 강조한다(14항). 국내외적으로 "재화의 재분배"를 통한 정의의 구현이 "각 민족이 온갖 경제적 내지 정치적 지배욕에서 해방되어 진정 서로 협력함으로써" 가능하다는 점을 역설한다(43항).

〈세계 정의〉(1971년)

세계 주교 대의원회의는 "공기나 물과 같은 천연자원뿐만 아니라 지상에 살고 있는 모든 생명체를 포용하는 작고 불안한 생명권"이 보호받아야 할 인류 전체의 "공유 재산"이라고 파악한다(8항). 그렇다면 지구 자연을 함부로 파괴하는 행위는 남의 재산권을 침해하는 것과 다르지 않다. 북반구의 사람들이 자원을 너무 많이 소비하고, 그만큼 많은 폐기물을 만들어 내면 남반구의 사람들과 함께 공유해야 할 지구 환경이 망가지고 만다. 그렇게 되면 남반구의 사람들은 자기 탓 없이 그들이 누려야 할 자연 안에서의 생존의 권리를 빼앗기는 결과가 된다. 그것은 지구의 3분의 1의 사람들(북반구)이 지구상의 3분의 2의 사람들(남반구)이 누릴 유형·무형의 재물을 도둑질한 것과 무엇이 다른가?(10, 11, 64항)

'생태적 불의'뿐만 아니라 '경제적 불의'도 심각한 수준에 있다고 진단한다. "수익, 투자, 무역의 4분의 3을 세계 인구의 3분의 1에 해당하는 고도의 선진국들에게 독점시키려는 불공평한 분배"(12항)는 분명 정의에 위배되는 것이다. 이처럼 〈세계 정의〉는 현대 세계 문제의 핵심을 불의의 문제로 파악한다(3, 19항).

불의를 떨쳐 내고 정의의 도래를 위해 전 교회와 국제

사회가 함께 노력할 것을 촉구하면서, 특별히 교회가 정의를 수호하고 증거하기 위해서 먼저 정의로운 모범을 보여야 한다는 것이다(37~43항). "정의를 위한 행동과 세계 개혁 활동에의 참여는 복음 선포의 본질적 구성 요소임이 명백하다."고 선언하면서, 정의의 실천은 "교회 사명의 일부"라고 역설한다(6항).

정의가 사랑의 실천과 별개의 것이 아니기 때문이고, 정의가 사랑 안에서 완성될 수 있기 때문이다. "이웃에 대한 그리스도인의 사랑과 정의는 서로 분리될 수 없다. 사랑은 이웃의 존엄성과 권리를 인정하라는 정의의 절대적 요청을 내포하기 때문이다. 정의는 사랑 안에서만 그 내적 충실을 갖출 수 있는 것이다."(32항)

〈현대의 복음 선교〉(1975년)

〈현대의 복음 선교〉는 인류의 발전과 불가분의 관계 속에 있다. 즉 사회적 불의가 묵인되고 조장되는 속에서 참된 복음의 선포나 복음적 증거는 불가능하다는 점을 명확하게 밝힌다(29, 30, 31항).

따라서 복음 선포의 행위는 곧 현대 사회의 정의를 바로 세우는 일에서 출발한다. 부당하게 자기의 권리를 빼앗기는 일이 없게 하고, 그런 처지에 빠진 이들이 있다면 그들을 애덕으로 돕는 일은 복음 선포의 직접적 행위다.

그런 맥락에서 바오로 6세 교황은 "'복음 선교에 있어서는 현대 세계에서 논의되고 있는 정의, 해방, 개발과 평화의 여러 문제들의 중요성을 무시할 수 있거나 무시해야 한다.'는 주장은 본인으로서는 절대로 받아들일 수 없다."라고 단언한다(31항).

〈노동하는 인간〉(1981년)

가톨릭교회의 사회 가르침의 역사는 교회의 사회적 관심이 곧 '정의의 구현'이었음을 보여 준다. 이 점을 〈노동하는 인간〉은 두 시기로 구분한다. 첫 번째 시기는 〈새로운 사태〉부터 〈사십주년〉까지로서 각 국가들(엄밀히 말해 유럽 국가들) 안에서의 노동자 문제를 통한 정의 구현에 관심의 초점이 맞춰져 있고, 그 이후는 이 문제가 전 세계적 맥락 안에서 조명된다. 〈어머니요 스승〉, 〈사목 헌장〉, 〈민족들의 발전〉 등은 정의 구현의 전 세계적 지평을 드러내고 있다(2항).

이 문헌이 제시하는 재물 소유에 관한 가르침도 전통적 입장을 재확인한다. "소유권 문제는 맨 처음부터 노동과 연관되어 있는데, 그 이유는 인간이 자연 속에 감추어져 있는 자원을 자기 자신과 남을 위해 이용하도록 하는 유일한 수단이 바로 노동이기 때문이다."(12항) 그러나 이 소유권에 대한 이해는 자본주의의 그것과 다르다. 소유권의 절대성을 인정하지 않는 대신, "창조된 모든 재화를 사용하는 것은 모든 이의 공동 권리라는 넓은 의미"(14항)에서 이해하여 사유 재산권을 만인에 의한 재물의 공동 사용권에 예속시킨다(재물의 보편 목적성과 재물의 공동 사용권).

또한 '재물의 공동 사용 원리'를 '윤리적 사회 질서 전체의 제1원리'로 간주한다. 그런데 공동의 재물에 접근할 수 있는 '실제적인 수단'이 임금이기 때문에 "정당한 임금은 사회 경제 체제 전체의 정의를 실증하는 구체적인 수단이며, 또한 어떠한 경우든 그 체제가 정의롭게 운용되고 있는지 알아볼 수 있는 구체적인 수단"이라는 것이다(19항).

이처럼 문헌은 노동에 대한 정당한 보수 문제를 사회 윤리의 핵심 문제로 파악한다. 그렇기 때문에 "가정을 꾸려 적절히 유지하기에 충분하고 가정의 장래를 보장하기에 충분한 보수"가 지급되는 것이 정의임을 같은 항에서 밝히고 있다. 이와 더불어 노동자가 지니는 사회적 권리들(의료 혜택, 휴가 혜택, 연금과 노후 대책 및 노동 환경권 등)도 온전히 보장되어야 하고(19항), 이를 지켜 나가기 위한 그들의 노동 조합을 통한 단결권도 보장되어야 한다는 것이다(20항). 만일 이런 권리들이 침해된다면 이것 또한 그들로부터 무형의 재물을 빼앗는 것이 된다.

〈자유의 전갈〉(1984년)

해방 신학의 일부 측면에 관한 교황청 신앙교리성의 훈령인 이 문헌은 한 나라 안에서뿐만 아니라, 국제적 차원에서 나라들 사이에 존재하는 극도의 빈부 격차를 시대적 현안으로 진단하고 있다(I, 6항). 특별히 라틴 아메리카 일부 지역에서 벌어지는 조직적 불의들(부의 독점, 인간 기본권 유린, 권력층의 부패, 외국 자본의 횡포 등)로 인하여(Ⅶ, 12항), 빈부 격차의 심화 속에서 "제3세계의 민중들은 좌절감을 느끼고, 산업화된 국가들의 경제적 식민주의와 착취에 대하여 비난을 퍼붓고 있다."라고 고발한다(Ⅰ, 7항).

이와 같은 구조적 불의에 대항하는 해방 신학이 일부 방법론적으로 마르크시즘에 대한 편향성을 보이고 있음을 경계하면서도(Ⅶ, 1~13항) 불의에 대한 정의의 확립이 이루어져야 한다는 교회의 기본 입장은 확고하다. 그것은 "하느님에 대한 정의와 인간에 관한 정의는 불가분의 것"이기 때문이고, "하느님은 가난한 사람들의 보호자요, 해방자"이시기 때문이다(Ⅳ, 6항).

〈자유의 자각〉(1986년)

해방 신학과 관련한 또 하나의 훈령인 이 문헌은 〈자유의 전갈〉에 대한 보완적 성격을 지니는데, 재물 소유와 관련하여 사회적 책임을 다음과 같이 진술한다. "공동선에 대한 책임이 없는 사유 재산의 권리란 상상할 수 없는 것이다. 사유 재산권이란 재화는 모든 인간을 위한 것이라고 하는 한층 높은 원리 아래에 속해 있다."(87항) "모든 인간들이 그 말에 걸맞은 인간다운 개인 생활과 가정 생활에 필요한 재화를 획득해야 한다는 것은 사회 정의의 첫째 요구"이기 때문이다(88항).

이와 같은 재물의 보편 목적성의 원리는 "가난한 나라들에 대한 부유한 나라들의 책임을 드러낸다. 이 책임은 개발 도상국들에 대한 원조의 연대성, 남북 간 교역 조건의 올바른 개선을 통한 사회 정의, 모든 사람들을 위한 더욱 인간다운 세계의 추구를 포함한다."라고 강조한다(90항).

정의 실천에 대한 요구는 그리스도교적 복음과 사랑의 핵심적 요청이다. 교회가 정의를 추구하고 신자들에게 정의 추구의 사명을 일깨울 때, 교회는 본연의 사명에 충실히 임하고 있다는 것이다(64항).

복음적 사랑에 대한 소명은 "그 귀결로서 생명과 존엄성에 대한 모든 인간의 권리를 존중하라는 직접적이고도 명령적인 요구"이고, "이웃에 대한 사랑과 정의를 향한 열망"은 불가분의 관계이기에, "이 둘을 대비시키는 것은, 곧 사랑과 정의를 왜곡시키는 것"(57항)이라고 역설한다. 최종적으로 정의의 실현은 부활과 심판에 관한 종말론적 신앙 안에서 완성될 것임을 천명한다(60항).

〈사회적 관심〉(1987년)

불평등한 소유와 분배의 문제는 곤궁한 사람 자신의 잘못도 아니고 '자연 조건이나 환경 전체에 달린 불가피한 성격'도 아니다(9항). 〈민족들의 발전〉이 이미 지적한 바와 같이, 구조적인 불의의 문제가 여기서도 지적된다. "현대 세계에 있는 가장 큰 불의들 중의 하나는 바로 다음 사실에 있다. 많이 소유한 자들은 상대적으로 소수이고, 거의 아무것도 소유 못한 이들이 다수라는 것이다. 원래 만인에게 돌아가도록 되어 있는 재물과 서비스의 분배가 잘못되어 있는 불의를 말한다."(28항) 그래서 못 가진 자들은 생존에 필수적인 재물마저 박탈당한 채 살고 있는 것이다.

"민족들의 발전을 증대시키는 데에 쓰일 수 있고 쓰여야 마땅한 거금들이, 선진국들과 후진국들을 막론하고 소수 개인들과 집단들의 치부에 이용되고 있거나, 무기 비축의 증대에 할당"되고 있다고 고발한다(10, 24항). 결국 세계는 "무수한 인간들이 도저히 감당할 수 없는 빈곤의 짐을 지고 고통을 당하는 현실"로서 "완전 결핍과 완전 빈곤의 비극"을 연출하고 있다는 것이다(13항).

이러한 고통은 남반구와 북반구 사이에서 날로 확대되고 증폭되고 있다(14항). 물질적 재화 못지않게 다양한 인간의 권리들도 침해되고 있는데, 문헌은 이를 "다른 많은 형태의 가난"으로 규정한다(15항). 이런 권리들이 부당하게 침해되는 것도 일종의 '도둑질'로 볼 수 있음은 물론이다. 이에 대해 문헌은 개발 도상국의 권력자가 보이는 태만을 질책할 뿐만 아니라, 무엇보다 선진국들의 책임을 강조한다. 선진국이 조종하는 "경제적·재정적·사회적 메커니즘" 자체가 소수의 가진 자와 다수의 빈곤 체제를 강화시키고 있다는 것이다(16항).

이와 같은 현실 진단을 토대로, 문헌은 재물에 대한 교회의 기본 입장을 창조 신학적 관점에서 설명한다

(29~30항). 세상의 재물은 창조주 하느님께서 인간에게 맡겨 주신 것이기에, 그 소유가 '절대적인 소유'일 수 없고, 그 사용은 나만을 위한 것이 아니라 모든 사람을 위한 것이다. 자연 자원 자체가 제한되어 있기 때문에 인간이 마치 "절대 지배권을 가진 것처럼" 사용한다면 현재의 인류뿐만 아니라 미래 세대의 사용 권리 내지는 생존권까지 빼앗는 결과를 초래할 수 있다(34항).

"이 세상의 재화는 원래부터 모든 사람들을 위한 것이다. 사유 재산권은 유효하고 필요하지만, 그것이 이 원칙의 가치를 없애지는 못한다. 사실상 재산의 사유는 '사회적 저당권'이 설정되어 있는 것이며, 이 말은 사유 재산이 본질적으로 사회적 기능을 갖는 것이며, 재화가 만인을 위한 것이라는 원리에 기반을 두고서, 또 그 원리에 의해서 정당화되는 것임을 뜻한다."(42항)

이러한 원칙에 입각하여 국제 관계는 연대 의식으로 재형성되어야 함을 역설한다. 제국주의적 패권 의식을 버리고 오히려 "더욱 강하고 부유한 국가들은 다른 국가들에 대해서 윤리적인 책임감을 느껴야 마땅하며, 그렇게 함으로써만 진정한 국제 체제가 건설될 것"이라고 강조한다(39항).

〈백주년〉(1991년)

이 문헌은 레오 13세 교황이 선언한 사유 재산의 비절대성, 재물의 보편 목적성이 100년이 흐른 뒤에도 여전히 유효하다고 확인한다(6항). '사유 재산과 물질적 재화의 보편적 목적'이라는 소제목이 붙은 제4장은 이 회칙의 핵심 부분에 속한다. 사유 재산권이 자연적 권리이고 인간 발전에 꼭 필요하지만 그렇다고 절대적 권리는 아니다.

재물의 보편 목적성은 인간이 재물을 자신의 소유일

뿐만 아니라, 공동의 소유로도 갖게 한다는 것이다(30항). 재물의 기원이 창조주 하느님이시고, 그러기에 온 인류가 어느 누구도 이 재물의 사용으로부터 배제되어 있지 않다. 그래서 인간은 자신의 노동을 통하여 땅을 자신의 것으로 취득하는데, 여기에 사유 재산의 기원이 있다고 설명한다(31항). 같은 관점에서 〈백주년〉은 노동에 대한 보수가 노동자와 그 가족의 생계가 보장될 수 없는 것이라면 고용주와의 합의에 의한 것일지라도 정의롭지 않다고 밝힌다(6항).

주목할 점은 〈백주년〉이 현대적 발전에 따른 확대된 소유 개념을 제시한다는 사실이다. "이 시대에는 땅보다 덜 중요하지 않은, 특별한 중요성을 갖는 다른 종류의 소유 재산이 있다. 이 소유 재산은 지식, 기술적 숙련, 모든 과학의 소유다."(32항) 선진국들의 부가 바로 이런 종류의 소유에 그 기반을 두고 있다는 것이다. 이것은 사유 개념에 있어서의 놀랄 만한 사상적 전환이라고 할 수 있다. 전통적으로는 인간 노동에 결실을 가져다주는 땅이 부의 원천으로 간주되었다.

그런데 현대는 지식, 기술을 비롯한 인간의 능력이 문제가 된다. 그런 능력들을 얼마나 많이 소유하고 있는가, 그런 인재가 얼마나 많은가에 한 국가의 부가 달려 있다고도 할 수 있다. 더 이상 물질적 생산 수단만이 모든 것을 좌우할 수 있는 것이 아니라, 인간의 조직, 능력이나 교육이 중요시된다. 즉 인간 자신이 생산 요소로서 중심적 위치를 차지하게 된 것이다(32항).[9]

그런 맥락에서 모든 사람에게 자신의 능력을 펼칠 수 있는 기본 지식을 갖출 가능성이 제공되어야 한다는 것이다. 소유에 대한 이와 같은 확대된 지평에서 볼 때, 단순히 물질적 재물의 부족만이 아니라, 가난한 이들을 "굴욕적인 예속으로부터 빠져나가지 못하게 하는 지식과 교육의 결핍"(33항)에 의해, 실제로 제3세계의 대다수 사람들이 당장의 생존 투쟁에 우선적으로 매달려 살아

가고 있다는 것이다. 세계 시장에 대한 공정한 접근이 불가능할 때 정의가 침해되는데, 〈백주년〉은 그런 의미에서 강자의 법칙에 의해 움직이는 세계 시장의 절대적 기업 경쟁에서 약소국가들의 기회 보장이 필요하다고 지적한다(35항).

자신의 권리를 찾지 못하고 "경제 발전 체제 안에 진입하지 못한" 가난한 이들의 문제를 해결하기 위해서는, "세계가 풍부하게 생산하는 잉여물에서 내주기만 하면 되는 것이 아니라, 무엇보다도 생활 양식, 생산과 소비 양식 그리고 오늘날 사회를 다스리는, 이미 확립된 권력 구조의 변화를 요청한다."라고 강조한다(58항).

친환경적 민족 공동체를 향하여

친환경적 민족 공동체를 향하여

오염과 파괴로 병든 한반도에서

인간에 의한 자연 파괴와 환경 오염이 지구를 병들게 하고 있다. 공기와 물과 땅이 오염되고, 가용 자원은 점차 고갈되어 가고 쓰레기가 늘어 가는 대신, 수도 없는 생물 종들이 숲과 함께 사라지고 있다. 하느님께서 지으시고 '보시니 좋았다'던 세상의 아름다움이 점점 그렇지 않은 모습으로 변해 가고 있다.

한반도의 사정도 예외는 아니다. 국토는 반으로 허리

가 잘리고 덩달아 다른 생물들도 인간과 함께 남북으로 갈라져야 했다. 산 좋고 물 좋은 금수강산은 옛말이 되어 버렸다.

다행히 남한의 산야는 불과 30년이라는 짧은 시간에 민둥산을 다시 푸른 산으로 돌려놓는 데에 성공했지만, 개발과 발전이라는 명목으로 다시 산허리마다 도로와 터널이 뚫리고, 심지어 산이 통째로 사라지거나 마을 전체가 물 밑으로 사라져 가는 '후천 개벽'이 벌어지기도 한다.

북한 땅의 사정도 나쁘기는 마찬가지라고 한다. 장기간에 걸친 경제 위기와 식량 및 에너지 위기, 여기에 환경 재난까지 겹쳐 산하가 피폐해 있다. 그야말로 하늘과 땅과 물이 남한·북한 할 것 없이 전체적으로 오염과 파괴에 직면해 있는 것이다.

북한 핵 문제가 국제적으로 복잡한 양상을 띠고 있으며, 여러 가지 계기로 남북 화해의 분위기가 위축되고 남남 갈등(南南葛藤)이 증폭되기도 했지만, 6·15 남북정상회담을 기점으로 본격화된 다방면에 걸친 남북 교류의 큰 흐름을 거꾸로 되돌려서는 안 될 것이다. 그것은 남북한이 반만년에 걸친 한민족의 전통을 공유하는 한 겨레이기 때문이고 언젠가 성취될 통일의 때를 앞당기기 위해 노력해야 하기 때문이다.

그러나 설사 통일이 된다 하더라도 파괴와 오염으로 병든 한반도에서 살아가야 한다면 그것은 통일의 기쁨보다 몇 배나 더 큰 고통과 대가를 지불해야 하는 것과 같다. 통일 이전이라 하더라도 남북한은 이미 스스로 초래한 환경 문제로 인해 삶의 질을 감소시키며 '값비싼' 삶을 살아가고 있다.

그런 점에서 남북한이 같은 민족으로서의 정치·경제·사회적 정체성을 회복하여 하나의 민족 공동체를 이루면서도 동시에 삶의 질적 제고가 가능할 수 있는 생태계를 보전하는 것은 중대한 과제다. 그러한 이상을 실현할 수 있는 '친환경적 민족 공동체를 향한 윤리 신학적 반성'이 이 글의 중심 주제다.

우선 남북 분단의 현실이 어떻게 반(反)생태적인 모습인지를 살펴보고, 친환경적 민족 공동체의 의미를 정의와 평화, 지구적 맥락 안에서 찾아보겠다.

그리고 남북으로 분단되기 이전까지 원래 우리 민족이 지녀 왔던 생태적 의식 전통을 특징적으로 짚어 보고, 그리스도인들이 친환경적 민족 공동체를 지향하기 위해서는 어떠한 생태적 안목과 의식이 필요한지, 특별히 윤리 신학적 관점에서 고찰할 것이다.

끝으로, 친환경적 민족 공동체를 위하여 우리 교회가 구체적으로 어떤 기여를 할 수 있는지 몇 가지 의견을 제시하고자 한다.

반(反)생태적 남북 분단의 모습

가난한 북한과 풍요로운 남한

지구적 차원에서 환경 문제의 양상이 남반구의 빈곤과 북반구의 풍요가 원인이 되어 전개되고 있는데, 한반도의 환경 문제도 본질적으로 이러한 지구적 맥락에서 크게 벗어나지 않는다. 다만 지구적 차원에서는 북반구가 산업화된 선진국들을 지칭하고 가난한 대부분의 개발 도상국들을 남반구로 부르는 것에 반해, 한반도에서는 남(풍요)과 북(빈곤)의 처지가 서로 바뀌었을 뿐이다.

그러나 내용적으로는 가난과 풍요라는 각기 상반된 원인에 의해 환경 오염과 자연 파괴라는 동일한 결과를 초래하는 구조라는 점에서, 지구적 환경 파괴의 전형을 한반도에 축소하여 놓은 것과 같다.

남북한의 경제적 격차를 수치상으로 비교해 보면 아래의 표 1과 같다.

<표 1> 남북한 주요 경제 지표 비교[1]

		단위	남한	북한	남/북(배)
인구		천 명	50,004	24,427	2.0
경제 성장률		%	2.0	1.3	–
명목 국민 총소득		남한 십억 원	1,279,546	33,479	38.2
1인당 국민 총소득		남한 만 원	2,559	137	18.7
대외 경제	무역 총액	억 달러	10,675	68	157.0
	수출	억 달러	5,479	29	188.9
	수입	억 달러	5,196	39	133.2
	대미 환율	원/달러	1,127	101	11.2
에너지 산업	석탄 생산량	천 M/T	2,094	25,800	0.1
	발전 설비 용량	천 kW	81,806	7,220	11.3
	발전 전력량	억 kWh	5,096	215	23.7
	원유 도입량	천 배럴	947,292	3,845	246.4
농수산물 생산량	식량 작물	천 M/T	5,553	4,108	1.4
	쌀	천 M/T	4,916	1,910	2.6
	수산물	천 M/T	3,183	737	4.3

		단위	남한	북한	남/북(배)
광물 생산량	철광석	천 M/T	593	5,190	0.1
	비철 금속	천 M/T	1,335	398	3.4
주요 공산품 생산량	자동차	천 대	4,562	4	1,140.5
	조강	천 M/T	69,073	1,222	56.5
	시멘트	천 M/T	46,862	6,446	7.3
	화학 비료	천 M/T	2,577	476	5.4
	화학 섬유	천 M/T	1,472	25	58.9
사회 간접 자본	철도 총연장	km²	3,559	5,229	0.7
	도로 총연장	km²	105,703	26,114	4.0
	항만 하역 능력	천 톤	1,017,190	37,000	27.5
	선박 보유 톤수	만 G/T	1,306	84	15.5

2012년도에 북한의 국민 총소득이 약 33조 원인 데 반해 남한은 약 1,279조 원으로 북한에 비해 약 38배 큰 규모이며, 인구 비례를 감안하여 1인당 국민 총소득으로 따져 보더라도 남한(2,559만 원)은 북한(137만 원)보다 19배

가량 높다.

북한은 1990년대 이후 마이너스 경제 성장을 계속해 왔고, 어려운 경제 사정은 에너지 위기, 식량 위기 그리고 환경 위기로 불리는 국가적 난국에 제대로 대응할 수 없게 만들었다. 북한 문제 전문가인 피터 헤이즈 미국 노틸러스 연구소장은 "현재 북한의 급선무는 식량, 보건, 환경 문제이고 그 주된 원인은 에너지 부족"이라고 단언한다.[2]

식량 위기, 에너지 위기, 환경 위기로 모아지는 북한의 어려움은 지구적 차원에서 남반구의 국가들이 겪고 있는 '빈곤 ⇨ 환경 파괴 ⇨ 빈곤'이라는 악순환의 구조적 문제와 일치한다. 북한의 식량 위기와 에너지 위기도 결국 빈곤의 문제이기 때문이다.

생존을 위해 자연을 담보로 삼은 북한

가난한 북한이 생존하기 위해서는 자연을 담보로 삼

는 것이 가장 손쉬울 수밖에 없는 것이다. 연료 수급과 식량 증산을 위한 야산 개간(다락밭 건설 사업: 해발 500m 이하 야산 중에 경사도 15도 이하의 야산 개간)에 의한 산림 파괴는 국토를 민둥산으로 만들고, 이로 인한 토사 유출로 하천 하상이 상승되는 결과를 가져왔다. 민둥산에 의한 홍수와 가뭄의 연속적인 발생은 흉작으로 이어져 주민들이 또다시 산을 파헤치는 악순환이 되풀이될 수밖에 없다. 또한 지력이 약화된 땅에 과도한 화학 비료와 농약을 사용함으로써 토양 오염이 심화되었고 이조차도 제대로 공급되지 못해 다시 식량 수급 차질로 이어졌다.[3]

한편, 북한의 공장, 광산 등 산업 시설의 70%가 오염 방지 시설이나 정화 장치가 없어 폐기 물질이 처리되지 않은 채로 방출되어 오염을 부채질하고 있다고 한다.[4]

가능한 한 모든 것을 국내에서 해결한다는 자력 경제 원칙을 표방한 북한은 주탄종유(主炭從油)의 에너지 정책을 실시, 총에너지의 80% 이상을 석탄에 의존하고 있다.

그러나 탄광의 심부화(深部化)와 기술 및 장비 부족 등의 이유로 채탄량이 감소하고 탄질이 저하되었고, 이는 연쇄적으로 전력 생산량, 공업 및 농업 생산량의 감소, 대기 오염의 심화를 초래하였다.

북한의 철강 산업은 입철(粒鐵) 생산 방식인데, 철광석을 석탄 가루와 혼합한 후 회전로에서 구워 내어 입철을 만든 후, 이를 다시 전기로에 투입하여 철강을 생산하는 전기 집약적 생산 방식이다. 그러나 오염 방지를 위한 집진기가 없거나, 있어도 가동할 전력 부족으로 대기 오염을 크게 유발한다.

북한은 동아시아에서 1인당 이산화탄소 방출량이 가장 높은 나라다.[5] 북한이 실제로는 남한의 5분의 1 정도밖에 되지 않는 에너지를 쓰면서도 오염 물질 배출량은 남한의 두 배에 달하는 것은, 그만큼 에너지 사용이 비효율적이고 환경 오염 방지 시설이나 정화 시설이 제대로 갖추어져 있지 않다는 것을 뜻한다.[6]

석탄과 더불어 또 다른 에너지원인 중유도 대기 오염의 부정적 요인이다. 중유는 이산화탄소를 비롯한 유황 산화물의 배출량이 많아 환경 문제를 고려하면 쓰지 말아야 할 저급 연료이지만, 전기 부족에 시달리는 북한에게는 매우 소중한 발전 및 산업용 연료로, 주로 화력 발전소의 연료로 사용된다. 그나마 이것도 북한이 지난 1994년의 제네바 기본 합의에 따라 핵무기 개발 중단의 대가로 1995년부터 매년 50만 톤씩 미국으로부터 제공받은 것이다.[7] 화학 공업도 주로 석탄에 의존하는데, 카바이드를 원료로 한 PVC 수지 생산은 막대한 대기 오염을 유발하고 폐(廢)카바이드로 인해 토양 오염도 심각해지고 있다.

빈곤에 의한 북한 환경 파괴의 또 다른 단면은 외화 벌이를 위해 외국의 쓰레기를 반입해 오는 것이다. 북한이 독일, 프랑스, 오스트리아, 영국 등 해외로부터 비밀리에 대량으로 반입해 온 생활 산업 쓰레기는 처리 기술과 시

설의 미비로 결국 오염원으로 남을 수밖에 없는 것이다.[8]

지난 1997년에 이어 2001년에 다시 한 번 국제적으로 물의를 일으켰던 대만 핵폐기물의 북한 반입 시도도 비록 성사되지는 못했지만, 결국 경제난 해소를 위한 궁여지책으로 환경을 담보로 삼고자 했던 전형적인 사례라고 할 수 있다. 이와 같이 식량난, 에너지난, 환경난은 상호 영향을 주면서 상승 작용을 일으키고 있다.

환경 오염 물질 배출량이 최악 수준인 남한

에너지 사용이 많은 중화학 공업을 중점적으로 육성한 남한은 2012년 세계무역기구(WTO)에 따르면 무역 규모가 1조 달러를 넘어 세계 8위의 무역 대국으로 성장하였지만,[9] 동시에 2011년 이산화탄소 배출량이 연간 5억 8천만 톤으로[10] "경제 발전의 정도와 국민 소득 수준을 고려할 때 전 세계에서 가장 환경 오염이 심한 나라"이기도 하다.[11]

경제협력개발기구(이하 OECD로 표기)가 조사 발표한 한 통계에 따르면 '남한의 단위 면적당 환경 오염 물질 배출량이 조사 대상국 가운데 최악' 수준이다. "남한의 1헥타르당 아황산가스 배출량이 151.1톤으로 멕시코(11.0톤), 미국(19.7톤), 프랑스(17.2톤) 등에 비해 최고 13.7배나 된다."[12]

경제 규모의 확장은 많은 자연 자원을 투입하여 생산하고 소비해 낸 결과이고, 그만큼 환경의 부담도 커진 것이다. 북한이 환경 기술이 낙후하거나 시설이 없어 자연을 병들게 한다면, 남한은 북한보다 기술이나 시설 기반이 훨씬 좋음에도 불구하고 대량 생산과 대량 소비에 의한 환경적 과부하를 자연이 감당하지 못하는 것이다.

북한이 에너지 부족으로 환경 파괴를 겪고 있는 데 반해, 남한은 에너지 과소비가 환경 파괴의 주요 원인의 하나다. 남한의 거리마다 넘쳐 나는 자동차가 단적인 예다. 1965년 4만 대에 불과하던 자동차 등록 대수가 1980년에는 52만 대에 이르렀고, 2012년 말 현재 1,887만 대[13]에 이르렀다. 그만큼 이동 수단으로 자동차에 의존하는 비율도 상당히 높아서 2010년 국내 여객 수송 분담률에서 자동차가 74.8%를 차지한다. 특히 전체 자동차 중 환경 부담이 큰 경유차의 오염 물질 배출 문제가 매우 심각한 형편이다. 세계 5대 자동차 생산국임에도 불구하고 선진국에 비해 저공해 기술이 뒤떨어지기에 발생한 결과라고 할 수 있다.[14]

늘어난 자동차의 숫자는 풍요에 의해 환경 문제가 유발된 단면을 상징적으로 보여 준다. 더욱 심각한 문제는 남한보다 국민 소득이 3배나 높은 일본이나 기타 **OECD** 국가들보다 우리의 승용차가 훨씬 대형이라는 점이다. 게다가 경유와 벙커-C유에 대한 저유가 정책에 힘입은, 경유와 **LPG**를 사용하는 대형 레저용 차량의 증가도 대기 오염의 심화를 가중시키고 있다.

농업 분야에서 보면, "남한에는 축분, 음식물 쓰레기,

슬러지 등과 같은 유기 물질이 너무 많아서 수질 및 토양 오염 문제가 발생"하지만, 반대로 "북한에서는 그와 같은 유기 물질이 너무 적어서 토지의 사막화 현상"이 발생한다.[15]

2013년 남한의 음식물 쓰레기 발생량이 일일 1만 4천여 톤[16]인데, 비록 그중 절반가량을 사료와 퇴비로 재활용하고 있다고는 하나, 북한에서 식량이 없어 굶어 죽는 사람들을 생각하면 우리는 너무 많은 음식을 낭비하는 셈이다.[17]

2001년 한 해에만도 정부는 새만금 간척 사업의 일방적 강행, 7대 광역 도시권 그린벨트(1971년 설정) 1억 1,000만 평 해제, 북한산 국립공원 관통 8차선 도로 건설 계획 및 신규 댐 28개의 건설 계획 등을 발표하였다. 농경지와 산지 면적은 산업화 추진 이후 지속적으로 감소해 왔는데, 이는 도시 용지의 전용과 난개발이 원인이다. 2012년 남한의 농지 면적이 1985년에 비해 3,588km^2(여의도 약

425배 크기)가 감소했고, 2012년도 산지 면적도 1985년에 비해 1,623㎢(여의도 약 193배 크기)가 감소했다.[18]

세계 경제 포럼이 2006년에 발표한 '환경 지속 가능성 지수'(Environmental Sustainability Index: ESI)에 따르면, 남한은 146개국 조사 대상국 가운데 122위로 평가되었고, 2006년 환경 정책의 개선 성과를 조사한 '환경 성과 지수'(Environmental Performance Index: EPI)에서는 133개국 중 42위로 나타났다.[19]

서로 다른 체제의 남북한 환경 파괴는 똑같아

시장 자본주의는 필요에 따른 사용 가치보다 교환 가치의 창출을 통한 이윤의 극대화와 이를 위한 비용의 최소화를 추구해 왔다. 이 과정에서 생산 규모의 확대, 경공업에서 중공업 중심으로의 산업 구조 개편은 더 많은 에너지와 원료를 필요로 하고 그만큼 많은 폐기물을 방출하게 된다. 대량 생산은 과잉 생산으로 이어지고 대량 소비와 과잉 소비를 부추겨 결과적으로 환경을 악화시킨다. 1960년대 이후로 줄곧 급속한 경제 성장을 이룩해 온 우리나라의 환경 문제도 이러한 산업주의적 기본 맥락 안에서 이해할 수 있다.[20]

1980년대 말부터 세계화가 진행되고 1997년의 금융 위기와 IMF 사태 이후에도 경제 지상주의의 경향은 심화되었고 이로 인한 사회 구조적 불균형은 생태 문제를 해결하는 데에 장애물로 작용하고 있다.[21]

사회주의를 표방하는 북한과 자본주의 체제인 남한은 각기 상이한 체제 속에서도 산업주의적 공동 기반 위에서 환경 파괴의 부작용을 함께 떠안고 있다. 한반도가 남북으로 갈리기는 했지만 인간이 자연에 가하는 폭력으로 인해 생태계가 몸살을 앓는 것은 마찬가지라는 말이다.

"두 시스템 모두 대규모 공장형 에너지와 위계적으로 관리되는 자본 집약적, 전문화된 생산 단위에 완전히 몰두해 왔다. 또한 두 시스템 모두 고갈 자원에 심하게 의

존하고 있고, 지속 불가능한 비율로 재생 가능 자원과 폐기물 자정 능력을 이용하는 경향이 있다."[22]

산업화를 통한 경제 성장을 추구하기 위해 자연을 볼모로 삼는 것은 산업주의의 기본 성격이다.

그렇지만 북한은 이미 몰락한 사회주의 국가들이 그랬듯이, 환경 문제가 자본주의 자체가 지니는 체제의 성격에서 비롯된 것이고 사회주의 체제와는 무관하다고 주장해 왔다.

소수의 자본 계급이 이윤 극대화를 위해 노동과 자연을 상품으로 전락시킴으로써 자연과 인간은 유리되고 자연도 파괴되는 데서 문제가 발생한다는 것이다. 즉 자연과 인간의 소외는 '산업화 그 자체 때문이 아니라 자본주의 산업화라는 특수한 생산 양식'에 기인한다는 말이다. 자본주의의 이윤 추구 동기는 끝없는 확대 재생산과 끝없는 수요 창출을 수반하고, 그로 인해 과잉 소비와 폐기 오염물이 대량 발생한다는 것이다.

따라서 환경 문제 해결의 열쇠는 자본주의 체제 자체의 소멸에 있다는 것이 북한을 포함한 사회주의 국가들의 기본 시각이었다. 반면, 사회주의 체제야말로 인민 대중을 위한 환경 보호를 가장 잘할 수 있는 우월한 체제라고 주장한다.[23]

북한 환경의 문제점과 장점

그러나 실제로 사회주의 폐쇄 계획 경제 자체가 안는 구조적 요인에 의한 북한의 환경 문제는 심각하다. 손기웅은 다음과 같은 근거를 제시한다.[24]

첫째, 환경 오염 문제에 대한 자율적 책임 의식이나 환경 보호에 대한 동기가 결여되어 있기 때문에 아무도 책임을 지거나 책임을 묻지 않는 점. 둘째, 성장 위주의 할당량 달성이 강요되기 때문에 친환경적 설비 투자나 산업 구조 조정이 어려운 점. 셋째, 가격의 시장 조절 기능 부재로 에너지 자원이 비효율적으로 사용되는 점. 넷째, 소위 '주체적 사회주의 경제 건설'의 문제점으로서, 모든 것을 자체적으로 충당하려다 보니 과도한 토지 이용과 과도한 노동력 투입으로 인해 자연의 자정 능력 마비와 환경 오염을 초래하고, 외부 세계와의 환경 협력이 어려운 점. 또한 북한 당국의 정책 실패로 인한 환경 문제의 부담도 크다는 점이다. 예를 들면, 1970년대의 자연 개조 5대 방침에 의한 다락밭 건설, 1980년대 10대 전망 목표로 추진된 간석지 개간, 농산물 증산을 위한 화학 비료와 농약 남용 등이다.

그러나 사회주의 내지는 북한 사회가 환경적 측면에서 갖는 장점들도 있다. 예를 들면, 대도시 팽창 억제 정책에 의한 도시 규모 제한, 도시의 공원화(평양의 녹지 비율은 77% 이상으로서, 시민 1인당 48km^2의 녹지 면적 확보), 대중 교통 중심의 교통 정책, 선계획-후개발의 엄격한 토지 이용 정책, 중소 도시 발전을 통한 도농 간 균형 발전 도모, 공장과 기업 등을 통한 원산지와 소비자의 근접 배

치 정책 등은 향후 남북한 국토의 균형 발전을 위해서도 바람직한 사례라고 하겠다.[25]

왜 친환경적 민족 공동체인가?

친환경적 민족 공동체의 수립은 궁극적으로 남북한의 통일을 지향한다. 남북 통일을 통하여 온전하게 하나로서의 한반도 생태계를 회복할 수 있고 또 해야 한다는 의미를 담은 표현이고, 동시에 통일 이전이라 하더라도 남북이 최대한의 상호 협력을 통해 각기 친환경적 국가를 유지하여 통일에 대비한다는 의미이기도 하다. 그러면 왜 단순한 통일 민족 공동체의 수립이 아니라 '친환경적' 민족 공동체의 수립인가? 그 의미의 중요성을 세 가지로 정리하면 이러하다.

첫째, 환경 문제의 국제성 내지는 월경성(越境性), 지구적 성격 등을 고려한다면, 현시점에서도 상대방의 환경 문제가 바로 '자신의 환경 문제'임을 깨달을 수 있다. 남북이 하나의 생태계를 이루고 있기 때문이다. 즉, 환경 문제는 이념과 체제를 초월한 남북한 공동의 문제이며, 이 문제를 해결하기 위한 상호 협력은 상호 이익에 부합한다.

둘째, 통일의 궁극적 목적은 남북한 주민 모두의 행복 추구에 있다. 그런데 자연이 파괴되고 오염된 환경 속에서는 참으로 행복한 삶의 질을 보장받을 수 없다. 따라서 남북한 모두의 환경 문제 해결은 참으로 행복한 삶의 추구를 위해 꼭 필요한 조건이다.

셋째, 친환경적 민족 공동체를 위한 남북 쌍방의 노력은 적어도 통일 이전까지 완전한 통일을 위한 교두보가 될 수 있다. 남북 간 환경 교류와 협력을 위한 제도적 장치를 통해서 통일 민족 공동체의 실현에 기여할 수 있다.[26)]

그렇다면 친환경적 민족 공동체를 향한 과정에서 고려해야 할 것은 무엇인지 살펴볼 필요가 있다.

첫째, 한반도의 친환경적 민족 공동체 건설은 현재의 지구적 현안 문제에 대한 진단 및 처방과 같은 방법론으로 접근해야 한다. 인류의 시대적 과제를 함축한 '화두'는 정의, 평화 그리고 환경이다. 지구적 현안 문제들이 모두 이 세 가지 범주로 압축될 수 있기 때문이다. 불의와 전쟁과 환경 파괴가 서로 다른 양상으로 심화되고 있지만, 근본적으로 상호 조건적으로 악순환의 상승 작용을 보이고 있는 것이 지구촌의 현실이다. 그리고 지구상 그 어느 지역보다도 이 세 가지 지구적 문제를 동시에 떠안는 곳이 바로 한반도다.[27]

남북한의 빈부 차, 즉 한쪽은 굶주리지만 다른 한쪽은 천문학적인 액수의 음식을 먹다 버리는 곳이 한반도다. 근 70년에 이르는 시간 동안 전쟁과 지속적인 군사적 대립과 긴장을 유지하는 곳은 한반도를 제외하고 세계 어디에도 없다. 최근 북한 핵 문제를 둘러싸고 다시금 긴장이 고조되고, 한반도에서의 전쟁 가능성까지도 거론되고 있는데, 전쟁은 가장 커다란 환경의 위협 요소다.

서구 선진국이 100여 년에 걸쳐 이룩한 산업화를 불과 30여 년 만에 달성한 대가로, 그리고 사회주의 주체 경제와 소위 '인민의 지상 낙원'을 건설하기 위하여 자연이 수탈된 한반도는 그야말로 지구적 현안 문제를 배울 수 있는 교과서이자 해결의 시험장이다. 지구적 차원에서 그러하듯이, 한반도에서의 불의와 대립, 환경 파괴의 문제는 구조적으로 서로 연결되어 있으며, 따라서 문제의 해결도 상호 조건적이다.

말하자면 친환경적 민족 공동체의 건설이 남북 간 또는 내부적 정의의 실현이나 평화 공존에 대한 보장이 없이는 엄밀한 의미에서 실현될 수 없다.[28] 따라서 평화 공존을 위하여 현재의 '휴전 협정'을 '평화 협정'으로 대체하기 위한 노력이라든가, 북한의 경제를 돕기 위한 경제 협정의 체결과 경제적 원조 등은 지속적으로 추진되어야 할 과제다. 그러나 반대로 한반도를 친환경적 삶의 터전으로 만들기 위한 남북 간의 작은 노력 하나가 다른 두 조건들의 해결에 실마리가 될 수도 있는 것이다.

둘째, 한반도의 친환경적 민족 공동체 건설은 '한반도만의 고립'을 의미하지 않으며, 세계 공동체, 지구 공동체와의 연대성 속에서 추진되어야 한다. 남북한이 하나의 생태계이기에 서로가 서로에게 중요하듯이, 한반도의 생태계도 넓게 보면 지구 생태계의 한 부분일 뿐이다. 지구가 살아야 한반도도 살 수 있다. 아무리 남북한이 힘을 합쳐 친환경적 민족 공동체를 만든다고 하더라도 지구 전체의 생태계가 함께 가지 못한다면 그러한 상태가 지속될 수 없다. 따라서 한반도의 환경 보전 노력은 지구적 현안 문제에 대한 진단 및 처방과 같은 맥락에서 추진되어야 한다.

공해 산업을 환경 규제가 허술한 개발 도상국으로 간

단히 이전시킴으로써 자국의 환경 문제를 해결할 수 있다는 발상으로 서구 선진국들의 전철을 밟는 것은 지극히 근시안적 처방일 뿐이다. 한반도의 환경 보전이 중요하다면 한국 기업들에 의해 파괴되는 동남아시아의 열대 우림과 시베리아의 원시림도 소중히 보호되어야 한다. 친환경적 민족 공동체 건설을 위한 노력이 민족적 집단 이기주의로 전락하지 않아야 한다.

셋째, 민족의 중대 현안인 남북 통일을 위해서라면 어느 정도 또는 당분간 환경 파괴를 감수해도 좋다는 논리를 경계해야 한다. 이것도 민족적 집단 이기주의의 또 다른 표현이기 때문이다. 이러한 논리 앞에서 환경 문제는 부차적인 과제로 축소된다.

"우리는 에콜로지를 무시한 남북한 통일론이나 부국강병주의가 한반도, 특히 북한의 생태계와 주민의 행복을 장기적인 차원에서 어떻게 파괴할 것인지에 대해 지금부터 고민하지 않으면 안 된다."[29]

6·15 남북정상회담 이후로 쌍방 간 교류와 협력 사업들이 본격적으로 전개되기 시작하면서 더욱 활기를 띠었던 금강산 관광, 북한 지역 내의 공단 건설, 남북 철도 및 도로 연결 사업 등은 '남북한의 통합을 통한 한민족 경제력의 증강'이라는 민족의 논리 또는 경제의 논리가 환경의 논리보다 우선시되거나 사업 시행 당사자인 남한의 특정 기업들에 의해 악용될 가능성을 시사해 준다. 자칫 북한이 남한 기업의 저임금 공해 산업 단지나 리조트로 전락할 가능성도 있기 때문이다.[30]

경의선 철도 연결 공사나 남북 간 도로 연결 공사가 법으로 정해진 환경 영향 평가를 생략한 채 진행된 점은 앞으로 생태계의 보고라고 불리는 비무장 지대 전체가 '통일 사업'이라는 이름으로 어떻게 훼손될 수 있는지를 암시하는 것이기도 해서, 남북 교류와 협력 사업에서 더욱 신중한 생태적 고려가 요청된다고 하겠다.[31]

이를 위해서는 남북한 간의 환경 교류 및 협력을 체계

적으로 추진하기 위한 남북 환경 협력 센터의 설립과 환경 협정이 선행되어야 할 것이다.[32]

민족의 전통적 생태 의식을 공유하는 한민족

'천지인 상관적(天地人相關的)'[33] 통합 인식

우리 민족은 옛날부터 온갖 삼라만상에 영혼이 깃들어 있어 신령하다는 생각을 자연스럽게 가졌고 신앙의 대상으로까지 여겼다. 이러한 경향을 애니미즘(animism), 토테미즘(totemism), 영혼 숭배 사상, 정령 신앙, 물활론적 자연관이라고 말할 수 있다.

이와 같은 사고방식은 인간(人)과 여타 자연물(物) 그리고 신적 존재(天)와의 유대와 상호 교감, 공존을 전제로 하며, 인간이 이 '만물 안에 깃든 신성을 모시고 공경해야 한다'는 실천 윤리까지 포함한다.

짐승이 사람에게 입은 은혜를 갚는 우리나라 민담 내용이나 꼭 필요한 경우에만 짐승을 잡고 그렇더라도 씨를 말리지는 않는 배려 등은 이러한 세계관에서 기인한다고 할 수 있다. 심지어는 길가에 나뒹구는 돌멩이처럼 무생물에게까지 이런 생각을 적용하였다.[34]

생물에 대한 존중 사상의 흐름을 신라 제24대 진흥왕 때 원광 법사가 만들었다는 세속오계(世俗五戒) 내지는 화랑오계(花郎五戒) 가운데 '살생유택'(殺生有擇)의 계율에서도 찾아볼 수 있다. 이는 살생을 금지한 것이지만, 무조건 죽이지 말라는 것이 아니라, 죽이되 그때(擇時)와 종류를 가려(擇物) 하라는 것이다.

적어도 한 달에 6일 동안은 생물을 죽이지 말고, 봄과 여름(산란기)에도 짐승을 죽이지 말고, 말·소·닭·개 같은 가축을 죽이지 말고, 고기가 한 점도 안 되는 미물을 죽이지 말라는 것이다. 죽이더라도 필요한 만큼만 죽이라는 것이다. 그리고 이러한 세속오계가 화랑만이 아니

라 예로부터 우리 민족이 지켜 온 "도의 원리"라는 것이다.[35]

　무생물에 대한 존중 사상은 대표적으로 풍수 사상을 꼽을 수 있다. 풍수 사상이 우주 만물의 상호 관련성에 기초하여 땅이 생명을 지니는 것으로 간주한 점은 분명 생태적인 측면에서 시사하는 바가 크다고 할 수 있다.[36] 최창조는 우리 조상들이 인간과 자연의 관계를 하늘, 땅, 사람의 '조화'라는 차원에서 간파했다고 강조한다. 사람의 행동 양식, 사고방식이 천지인 중 어느 한 가지에 치우치지 않고 세 가지가 서로 어울려 조화를 이루는 상태를 추구해 왔다는 것이다.

　생태론적 관점에서 풍수 사상의 중요성은 인간과 자연의 공생적 태도에 있다. "천지인을 하나의 커다란 유기체로 이해"하는 풍수 사상의 "조화적 사고, 종합적인 세계관, 자연과 인간의 공동 운명체적인 관계, 유기체적 통합이라는 환경 인식"은 현대인에게도 중요한 가르침

을 던진다고 하겠다.[37]

1860년 수운(水雲) 최제우(崔濟愚)에 의해 시작된 동학 사상은 인간이 궁극적으로 자연과 하나임을 가르치며, 인간과 자연의 조화와 균형을 강조한 점에서 천지인 상관적 통합 인식의 또 다른 소산이라 할 수 있다. 즉 동학은 만물이 각자 독립적으로 존재하는 것이 아니라 인간 - 신(한울님) - 자연이 연속성을 지니고 상호 침투해 있는 세계관을 강조한다. 그래서 "나는 나고 너는 너, 사람은 사람이고 환경(동물, 식물, 생태계)은 환경일 뿐이라고 여기는 마음"(各自爲心)을 버리고, 만물이 "생명 그물 속의 한 그물코"로 연결되어 한 몸(同歸一體)임을 깨달아야 한다는 것이다.[38]

만물 평등 사상

자연과 인간에 대한 우리 민족의 유기체적이고 '종교적인' 인식 전통은 특별히 만물 평등 사상 속에서 그 진

면모가 더욱 선명하게 드러난다.

김욱동은 만물 평등주의자로서 고려 말엽의 정치가이자 문장가인 백운(白雲) 이규보(李奎報, 1168~1241)를 꼽고 그를 '한국의 프란치스코 성인'에 비유한다. 그에 따르면, 이규보는 우주 만물이 모두 인간을 위해 존재하는 것이 아니라 오직 스스로 존재할 따름이며, 그들 나름대로의 존재 이유와 가치를 지닌다고 보았다. '해충'이나 '잡초'라는 표현도 인간 중심적 시각이라는 것이다.[39] "만물이 그 외관상의 엄연한 차이에도 불구하고 근원적으로 평등한 까닭은, 생사(生死)에 대한 동일한 마음과 생명 현상의 근원적 동일성 때문이라는 것이다."[40] 이규보는 더 나아가 '물아(物我)의 근원적 일체성'을 강조하였는데, 이는 인간인 나의 생명이 자연의 다른 존재의 생명과 연결되어 있음을 말한다.[41]

만물 평등 사상의 특징을 조선 후기 실학 사상에서도 발견할 수 있다. 실학자 중에서도 특별히 북학파(北學派)

의 한 사람인 담헌(湛軒) 홍대용(1731~1783)은 인간과 물(物)이 대등하다는 인물균(人物均)의 사상으로 주목받는다.[42] 물론 그에게 인간 중심주의적 태도가 전혀 없는 것은 아니지만,[43] 전체적으로 볼 때 그의 만물 평등주의자로서의 면모에 큰 지장을 초래하지 않는다. 그의 책 《의산문답》에는 인간 이외의 생물과 무생물에 대한 그의 깊은 관심과 애정이 잘 표현되어 있다. "사람으로서 만물을 보면 사람이 귀하고 만물이 천하지만, 만물로서 사람을 보면 만물이 귀하고 사람이 천할 것이다. 그러나 하늘에서 보면 사람이나 만물이 다 마찬가지이니라."[44]

생활 속 생태 의식

천지인 만물이 살아 있으며 상호 유기적인 연관성 속에서 하나의 공동체를 이루고 있다는 생각은 우리 민족의 오랜 역사 속에서 사람들의 구체적인 생활 속에 깊이 새겨졌다.

설거지물을 버릴 때 뜨거운 물은 식혀서 버리는 일이라든가, 스님이 초봄에 시주 다닐 때 닳고 닳은 헌 짚신에 갓 생겨난 벌레가 밟혀 죽지 않도록 새 짚신을 신고 다니는 일 따위는 미물에 대한 선조들의 세심한 배려를 읽게 해 준다.[45] 무당굿이 끝난 후나 산이나 들에서 일을 하다가 음식을 먹을 때, 또는 남의 집에서 가져온 음식을 먹을 때, 귀신에게 먼저 바친다 하여 '고수레'라고 소리치며 음식을 조금씩 떼어 주위에 던지던 풍습은 미물과도 음식을 나누어 먹는 생태 정신을 담고 있다. 또한 '까치밥'이라 하여 과일을 딸 때 맨 윗가지의 과실을 몇 개 남겨 두어 새가 먹도록 하는 것도 이런 배려에서 비롯된 것이었다.[46]

그리고 산에 갈 때는 대소변을 받아 가지고 나올 그릇을 챙겨 가서 산을 더럽히지 않도록 조심했다든가, 산에서도 큰 소리로 떠들거나 부정 탈 말을 하여 행여나 산신령을 성나게 할까 봐 조심했다는 이야기들도 전해 내려오는데, 이렇듯 감히 '산에 오른다'는 말보다는 '산에 든다'고 말하기를 즐겨 했던 우리 조상들이었다.[47]

무슨 과학적 근거를 갖는 말이 아니고 다분히 미신적인 것이기는 하지만, 자연 보호의 교훈적 의미를 담았던 통속적 금기어(禁忌語)들도 음미해 볼 만하다. 진교훈은 다음의 금기어들을 제시한다. '까치나 제비를 죽이면 죄를 입는다.', '매미를 잡으면 가뭄이 온다.', '방 안에 들어온 날짐승을 잡으면 화재가 생긴다.' 동물뿐만 아니라 식물에 대한 금기어도 있다. '큰 나무 베는 사람은 빨리 죽는다.', '고목이 쓰러지면 흉사가 난다.', '나무를 많이 때면 산신령에게 미움을 받는다.', '식물이 말라 죽으면 집안에 불길한 일이 생긴다.'[48]

자연과의 조화를 배려한 인공물

자연 속에 생활 공간을 꾸밀 때에도 조화를 고려하여 본래 자연의 원형을 훼손하지 않으면서 최소한의 변형으로 공간을 만들었다. 건축물 등 인공물이 자연과의 조화를 해치지 않도록 배려한 우리나라의 전통 원림(園林)이 그 대표적인 예다.[49]

한국의 도자기가 유명하지만 '꽃병'이 별로 발달하지 않은 이유는 꽃을 꺾어다 꽂는 것을 즐기지 않고 자연에 있는 그대로의 모습을 즐기기를 더 좋아했던 선조들의 섬세한 마음 때문이다. 상여를 장식할 때, 또는 불교의 연등 행사나 관불회(灌佛會)의 의식에서, 조선 시대의 궁중 의식, 사대부 집안의 잔치에서 종이꽃을 장식용으로 널리 사용했다는 것이다.

또한 우리 조상들은 분재(盆栽)나 화분을 기른다거나, "중국인처럼 새장 속에 새를 가두어 놓고 새 우는 소리를 즐긴다든가 일본인처럼 유리 항아리에 금붕어를 잡아 놓고 쳐다보지 않았다. 도대체 우리 조상들은 동물을 가두어 놓고 기르거나 공간이 막히는 것을 좋아하지 않았다."[50]

자원의 낭비를 죄악시하여 음식 찌꺼기는 가축 사료로, 재나 분뇨도 농지의 비료로 쓸 만큼 대부분의 자원을 재활용하였다. 금표(禁標)를 세워 재나 분뇨를 함부로 버리지 못하게 했는데 자원 재활용을 위해서뿐만 아니라 오염을 막고 깨끗한 환경을 유지하는 데도 크게 기여했을 것이다. 주택 구조도 목재를 최소한으로만 이용하도록 했고, 온돌 취사 난방도 땔감을 절약하는 데 기여하였다. 송목금벌(松木禁伐) 정책을 통해 산림 훼손을 방지하기 위해서도 금표가 세워졌다.[51]

하느님께서 만드신 좋은 세상

그리스도인의 삶의 기초는 소위 향주 삼덕이라 불리는 믿음, 희망, 사랑이다. 이 세 가지는 인간의 삶 전체를 신학적인 의미에서 포괄하면서, 어느 하나라도 없으면 다른 두 가지가 완전할 수 없다.

하느님을 믿는 사람들은 그 믿음으로부터 구원에 대한 확신과 죄의 용서를 체험하고 사랑의 삶을 살도록 부름받은 존재다. 그런데 이러한 성찰은 주로 인간과 하느님의 수직적 일대일 관계 구도 안에서 다루어진다. 환경 문제와 관련하여, 이러한 수직적, 양자 구도를 (그것이 '인식'이라는 차원에서 볼 때 인간 중심적일 수밖에 없다는 한계를 어쩔 수 없다고 하더라도) 인간 이외의 물(자연) 차원에까지 수평적으로 확대시켜 3자 구도를 그릴 필요가 있다.

'믿음'의 차원

창조주 하느님: 그리스도교 믿음의 대상은 누구인가? 그리스도교 신자는 "하늘과 땅과 유형무형한 만물의 창조주"(니케아 – 콘스탄티노폴리스 신경)를 믿는다고 고백한다. 그렇다면 그분의 '창조 업적'인 이 자연 세계와 그 안에서 나날이 지속되고 있는 그분의 '창조 활동'은 창조주

하느님을 알 수 있는 훌륭하고 중요한 열쇠이며 신비와 경탄의 대상이다. 온 세상의 피조물에 그분의 손길이 묻어 있기 때문이다.

하느님께서 창조하신 세상 만물은 작은 미물에서 인간에 이르기까지 참으로 다양하지만 각기 질서가 있고(지혜 11,20 참조), 하느님 '보시기에 참 좋은' 선한 세상(창세 1,4.10.12.18.21.31 참조)을 이룬다. 하느님은 세상의 창조주로서 측량할 수 없을 만큼 위대하신 분(시편 145,3 참조)이지만(하느님의 초월), 동시에 "당신의 피조물들 안에 가장 깊숙이 현존하신다."[52](하느님의 내재) 그래서 "피조물의 아름다움은 창조주의 무한한 아름다움을 반영한다."[53](시편 104,24 참조) 인간이 피조물을 통해 창조주 하느님을 간접적으로 알고 체험할 수 있음도 이 때문이다.

하느님은 세상을 "완결된 상태"로 창조하신 것이 아니라, "진행의 상태"로 창조하신 후, 당신의 피조물을 방치하지 않고, "그 피조물을 매 순간 존재하도록 지탱해 주시고, 행동할 수 있도록 해 주시며" 완성으로 이끄시는데, 우리는 이런 하느님의 배려를 '섭리'라고 부른다.[54]

창조 활동의 협력자인 인간: 인간은 피조물이라는 점에서 자연에 속하지만(인간과 자연의 공동 피조성), 동시에 하느님 창조 활동의 협력자로 부름받은 독특한 존재로서 다른 피조물과 구분된다(창조 활동의 협력자). 그래서 하느님의 창조 질서에 따라 인간이 자연을 이용하는 것은 정당하지만, 인간이 하느님의 협력자일 뿐 주인이 아니므로, 창조주의 뜻 안에서 자연을 올바르게 사용하고 관리할 책임과 의무가 있다.

"땅을 가득 채우고 지배하여라. …… 온갖 생물을 다스려라."(창세 1,28)는 성경 말씀은 인간이 뭐든지 맘대로 해도 좋다는 뜻이 결코 아니다. '지배하여라'는 말의 원뜻은 땅을 차지하라는 하느님의 축복으로서 땅을 경작하라는 의미이고, 온갖 생물을 '다스려라'는 말도 목자처럼 가축을 인도하며 보호하고 돌보라는 의미다.

인간에게 부여된 특별한 역할의 의미는 아담에게 에덴동산을 '돌보라'고 명하는 창세기 2장 15절로 더욱 명백해진다. 여기서 '돌보라'는 말은 '섬기고 지키고 보존하라'는 뜻이다. 피조물을 위하시는 하느님의 뜻을 받들어 인간이 세상을 잘 관리해야 한다는 점을 창세기는 강조한 것이다. 인간이 자기의 욕심대로 자연을 아무렇게나 다뤄서는 안 되고, 자연을 하느님이 만드신 질서대로 잘 가꿀 때 자연과 인간의 공존이 가능함을 강조한다. 그래야만 하느님께서 창조하시고 '보시니 참 좋은' 원래 세상의 아름다움을 되찾을 수 있는 것이다.

이상과 같은 그리스도교의 자연관 내지 인간관에 대한 고찰을 통하여 다음의 세 가지 사항을 정리할 수 있다.

첫째, 그리스도교의 창조 개념은 우리 조상들이 지녀왔던 물활론적이고 범신론적인 천지인 연속 개념과는 분명히 양립할 수 없다. 하느님께서 "당신의 피조물들 안에 가장 깊숙이 현존"[55]하시지만(하느님의 내재) 피조물과는 본질적으로 구분되고 피조물을 초월해 계신다(하느님의 초월). 또한 우리 조상들의 생태 의식 속에서 발견되는 만물 평등 사상은 그리스도교적 개념과의 공통점과 차별성을 동시에 드러낸다. 그리스도교가 만물의 존재가 스스로에게서 기인하지 않고 하느님에 의해 창조되었음을 고백하는 것은 인간이나 여타 자연 만물이 모두 같은 피조물로서의 처지에 있고 그 점에서 다르지 않다는 것을 의미한다.

이 맥락에서는 양자가 공통적이지만, 그리스도교가 하느님 모상인 인간에게 하느님 창조 계획을 완성할 자유로운 협력자요 파트너로서 자연을 돌볼 책임과 의무를 지니는 특별 지위를 부여한 것은 그리스도교만의 독특한 면모다. 그러나 이러한 특별 지위가 '인간 마음대로'의 착취와 전횡의 의미가 아니라 본질적으로 '하느님

중심'을 뜻함은 물론이다.

그래서 그리스도인들이 자신을 하느님의 자녀라고 고백할 때, 그 자녀의 범주에는 같은 피조물인 여타 자연 만물이 제외될 수 없는 것이다. 따라서 그리스도교에서 인간에 대한 강조는 여타 피조물들의 가치를 평가 절하하고 무시하는 것으로서가 아니라, '한 집안 식구'로서 '형제자매들'에 대한 책임과 역할을 강조하는 것으로 이해할 수 있다.

둘째, 하느님이 창조하신 이 세상이 인간에 의해 파괴되고 오염되어 간다는 점에서 그리스도교 신자들에게 환경 문제의 의미는 특별하다. 환경이 단순한 환경이 아니라, 바로 하느님이 창조하신 것이기 때문이다. 그렇다면 하느님을 믿는다는 것은 그분과 그분이 하시는 일을 온전하게 수용하는 것이다. 즉 창조주이신 하느님을 믿으면서도 하느님의 창조 활동은 인정할 수 없다면 하느님 자체에 대한 믿음이 온전하지 못한 것이 된다.

창조 세계를 파괴하고 질서를 어지럽히고 훼손하면서 창조주를 찬양하고 그분을 주님이라고 고백할 수 없다. 그리스도교의 믿음은 막연히 추상적인 개념이거나 개인적인 내면 세계에만 국한되는 것이 아니라, 구체적이고 인류 공동체적 구원의 역사를 포괄한다. 구세사의 장(場)이 바로 '지금 여기서' 체험 가능한 이 세상이기에, 인간 삶의 기본 조건이 되는 생태계도 중요한 문제가 된다.

하느님에 대한 믿음의 삶은 인간에게 부여된 자연 안에서의 책임과 사명을 성실히 수행할 것을 요구한다.[56] 그리스도인들이 환경 문제에 투신하는 것은 단순히 자신의 생활을 쾌적하게 하기 위해서만이 아니라 본질적으로 창조주에 대한 믿음으로부터 비롯되는 것이다. 따라서 현대 환경 문제에 대한 관심과 투신은 신자의 '선택 사항'이 아니라 기본적인 '의무 사항'이라고 말할 수 있다. '실천이 없는 믿음은 죽은 믿음'(야고 2,26 참조)이라고 하지 않았던가!

셋째, 환경 문제를 하느님의 창조 문제라는 관점에서 볼 때, 한반도의 환경 문제도 한반도만의 문제가 아니다. 하느님의 창조는 민족이나 국가적 영토 개념보다 더 기본적이고 상위 개념이기 때문이다. 민족의 가치도 중요하지만 그것도 궁극적으로 하느님 안에서만 의미가 있다.[57] 민족이 하느님의 자리를 대신할 수는 없다. 민족의 가치가 창조에 대한 봉사에 열려 있어야지 창조가 민족에 종속될 수는 없다.

따라서 통일이라는 민족적 염원의 실현이 중요하지만 그 가치와 의미가 생태계를 파괴하고 희생시킬 만큼 클 수는 없다. 환경 문제가 통일이라는 민족적 관심사에 의해 그 의미가 희석될 수 없다는 말이다. 그렇다면 한반도의 친환경적 민족 공동체 건설을 위해서 이웃 국가나 지구 전체의 생태계를 희생시킬 수 없고, 통일이라는 민족적 과제의 달성을 위해 한반도의 생태계 파괴를 담보로 삼을 수도 없음은 자명하다.

'희망'의 차원

그리스도인은 무엇을 희망하는가? 희망의 대상과 내용은 곧 '영원한 생명'을 얻는 것이고, '구원'되는 것이며 이는 '하느님과의 일치'를 뜻한다.[58]

이 구원이 이미 예수 그리스도의 십자가와 부활을 통하여 인류에게 선사되었고 시작되었으므로, 예수 그리스도는 그리스도교 희망의 근거다. 그래서 그리스도인들은 죄와 고통의 현실 속에서도 구원을 희망하며 삶의 고통과 십자가를 짊어지고 예수 그리스도의 십자가와 부활에 동참함으로써 그분 안에서 구원하시는 하느님을 체험하게 된다(도표 2).

그런데 그리스도교의 구원은 인간에게만이 아니라 하느님의 전 피조물에게 해당되는 구원이다. 따라서 구원에 대한 희망도 인간뿐만 아니라 모든 피조물에게 동일하게 유효하다. 이것은 구원 희망의 "보편적이고 우주

〈도표 2〉 희망의 차원

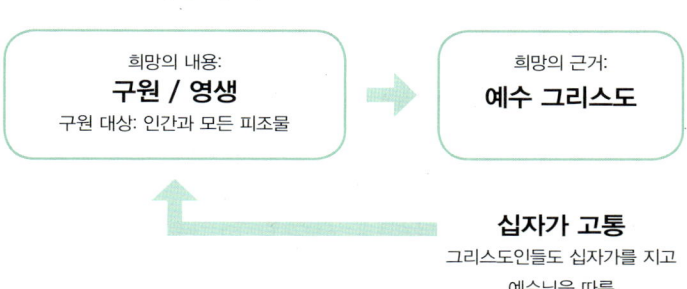

- 환경 파괴 = 모든 피조물의 탄식
- 오염된 생태계 = 고통/십자가
- 절망(환경 비관주의), 과망(환경 낙관주의)

적인 성격"을 말하는 것으로, 희망의 대상이 '그리스도 안에서의 만물의 보편적 완성'임을 의미한다.[59]

"피조물은 하느님의 자녀들이 나타나기를 간절히 기다리고 있습니다. …… 그것은 희망을 간직하고 있습니다. 피조물도 멸망의 종살이에서 해방되어, 하느님의 자녀들이 누리는 영광의 자유를 얻을 것입니다. 우리는 모든 피조물이 지금까지 다 함께 탄식하며 진통을 겪고 있음을 알고 있습니다."(로마 8,19-22)

남북한 생태계의 파괴와 환경 오염은 이 땅의 모든 피조물들의 탄식을 대변한다. 분단된 한반도와 파괴되고 오염된 생태계는 이 땅을 살아가는 사람들에게도 민족적이고 생태적인 의미에서 짊어져야 할 또 하나의 십자가다. 그리스도교적 희망은 신앙인 개인의 삶으로만 축소될 수 없기 때문이다. 또한 이 희망이 삶의 현세적 차원을 무시하지도 않으며, 오히려 "지상 사명의 중요성"[60]을 돌보게 하고 "현재의 이 땅을 가꾸려는 관심"[61]을 강화시켜 준다.

"그리스도교 희망은 세상 종말에 가서 이루어질 새로운 창조만을 대망하는 것이 아니다. 하느님의 성령은 이 땅의 얼굴을 새롭게 하기 위하여 파견되셨으므로, 하느님 나라는 이미 지금 사람들 사이에서 자라나야 한다.

사람들의 마음이 정의와 성덕 안에 새로워지고, 현세의 질서가 개선되고, 사람들과 민족들 간의 평화가 이루어지는 것 등이 모두 희망의 대상에 속한다."[62]

그렇다면 한반도 생태계의 고통을 직시하고 원래의 하느님 창조 질서를 회복시키기 위해 투신하는 것은 '지상 사명'이고 그리스도교적 희망에 온전히 부합한다고 할 수 있다.

그리스도교적 희망은 민족의 생태적 십자가 앞에서 체념하거나 아니면 반대로 자만과 과신으로 현실을 외면하지 않는다. 남북한 평화 통일의 길이 아무리 멀다고 하더라도 양극단으로 치우치지 않고 희망을 잃지 않는다. 한반도의 생태계 문제에 대해 지나친 낙관이나 지나친 비관도 그리스도교적 희망에 부합하지 않는다.

환경 비관주의는 문제 해결을 위한 모든 노력을 무력하게 하며 지포자기하게 만들고, 반대로 환경 낙관주의도 생태계의 아픔에 대해 무감각하게 하고 무책임한 태도를 방임할 수 있다는 점에서 친환경적 민족 공동체 건설을 위한 그리스도교적 성찰과 실천에 도움이 되지 않는다. 생태계의 고통이 크면 클수록 그리스도교적 희망은 그만큼 더 강화된 책임과 실천을 요구하며, 최종적으로 하느님 창조의 완성을 향해 투신하게 한다.

'사랑'의 차원

종말론적 희망으로 현세적 고통의 십자가를 짊어진다고 하는 것은 사랑의 구체적인 차원을 의미한다. 하느님을 믿고 그분의 구원을 기다린다면 그 믿음과 희망의 표현이 바로 사랑이다. 예수 그리스도의 십자가와 부활을 통하여 이미 하느님의 사랑이 계시되었다. 죽기까지 목숨을 바친 하느님의 사랑이 바로 예수님의 십자가이기 때문이다.

"아버지께서 나를 사랑하신 것처럼 나도 너희를 사랑하였

다. 너희는 내 사랑 안에 머물러라."(요한 15,9)

"사랑하지 않는 사람은 하느님을 알지 못합니다. 하느님은 사랑이시기 때문입니다."(1요한 4,8)

이와 같이 사랑은 예수 그리스도를 통하여 드러난 인간에 대한 하느님의 사랑과 이에 상응하는 하느님에 대한 인간의 사랑이 한 짝을 이루고 있다. 그런데 후자는 두 가지 차원으로 나누어 살펴볼 수 있다. 즉 사랑 자체이신 하느님을 사랑하는 것과 하느님을 위하여 이웃과 온 세계를 포함하여 모든 피조물을 사랑하는 것이다.[63]

인간 편에서 발하는 사랑을 논할 때, 일반적으로 수직적 차원의 '하느님 사랑'과 수평적 차원의 '이웃 사랑'을 제시하는데, 이웃 사랑을 말할 때 인간을 중심으로 한 이웃 개념이 우주론적으로 확대되어 인간 이외의 모든 피조물에게까지 확대되는 것을 말한다(도표 3).

〈도표 3〉 사랑의 차원

• 사랑의 2차원: 인간에 대한 하느님 사랑

　　　　　하느님에 대한 인간의 사랑

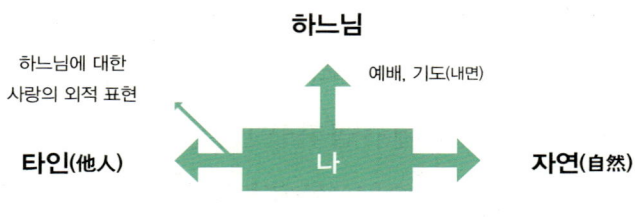

우주론적으로 확대한 이웃의 개념

환경 파괴는 '이웃'의 생존권 침해 → 환경 보전은 하느님에 대한 사랑의 표현

　다른 피조물에게까지 사랑을 확대해야 하는 이유는, 그들도 하느님께서 직접 창조하신 피조물이고 하느님의 영광과 그분의 사랑을 드러내는 존재이기 때문이다. 그들도 창조주로부터 생명과 사랑을 받아 살아가는 세

상의 구성원들로서 생명을 이어 갈 권리를 지닌 존재들이다.

창조 질서의 파괴는 하느님에 의해 부여된 피조물들의 질서가 인간에 의해 인위적으로 무너지거나 조작된다는 것을 의미하며, 그 질서 안에서 살아가는 피조물들의 생존권을 위협한다는 점에서 사랑을 중대하게 거스르는 것이다.

인간의 '형제자매'인 다른 피조물들을 함부로 대하면서 하느님을 사랑한다고 말할 수 없는 것이다. 또한 한 개인에 의한 생태계 파괴가 그에 의존해서 살아가는 이웃 인간의 생존을 위협하는 것일 수 있기 때문에, 의식적이든 무의식적이든 환경을 오염시키고 자연을 파괴하는 것은 타인의 생존권에 대한 위협을 뜻한다. 따라서 환경을 보전하기 위한 작은 노력은 바로 하느님과 이웃에 대한 사랑의 표현이다.

사회 원리를 생태론적으로 적용: 인간 공동체가 어떻게 이 지상에서 하느님의 사랑을 실천하고 체험할 수 있는지에 대하여 관계적인 측면에서 그 원리를 제시한 것이 가톨릭 사회 원리라 할 수 있다.

즉, 인간 존엄성의 원리, 연대성의 원리, 공동선의 원리 그리고 보조성의 원리가 이에 해당한다. 이들은 주로 인간 공동체에 대한 원리이지만, 인간의 삶이 자연과 무관한 고립된 삶이 아니므로 각각의 사회 원리 개념을 다른 피조물에 대한 '사랑'의 관점에서 생태론적으로 확대, 적용하는 것은 의미가 있다.

첫째, 인간 존엄성의 원리는 다른 원리들의 기초가 되고 교회의 사회적 가르침의 기본 정신이다. 그러나 하느님의 모상인 인간의 존엄성이 여타 피조물의 가치를 경시하고 배척하는 배타적인 의미가 될 수 없다. 그것이 창조주의 뜻에도 맞지 않지만, 그럴 경우 애초부터 인간의 존엄성이 지켜질 수 없기 때문이기도 하다.

숲이 사라지고 동식물이 멸종되고 바다와 하늘이 폐기물로 더럽혀짐으로써 인간의 생존을 위한 기본적인 자연 조건이 파괴되고 오염된다면 그 속에서 살아가야 하는 사람들의 존엄성은 보장받을 수 없는 것이다. 따라서 인간만이 아니라 동물, 식물, 그리고 물이나 흙 또는 공기와 같은 무생물의 자연까지도 그들의 고유 가치를 존중하고 보호해야 할 원리로 이해되어야 한다.

둘째, 연대성의 원리는 개인과 사회 간의 관계 규정 범위를 넘어 모든 피조물 간의 연대성으로 확대되어야 한다. 인간을 포함하여 모든 피조물이 "동일한 창조주에 의해 창조되었다는 점과, 모두 다 창조주의 영광을 위해 창조되었다는 점에서 모든 피조물들은 서로 필요로 한다."[64]

모든 피조물 사이에는 일종의 연대성이 존재한다. 한 하느님으로부터 생겨났으니 서로가 형제자매이고 한 집안 식구인 셈이다. 연대성은 피조물들이 서로 남남이 아니라 밀접히 연결되어 있어서 한쪽의 희로애락이 다른 쪽에도 영향을 미친다는 것을 의미한다. 아시시의 프란치스코 성인이 모든 피조물을 '형제요 자매'로 부른 사실은 이러한 연대성을 극적인 시어로 아름답게 표현한 것이라 할 수 있다.[65]

오늘날의 환경 문제는 인간이 이러한 연대성을 무시하고 자연을 파괴함으로써 생겨난 부정적 결과이고, 실제로 그 영향을 인간이 그대로 받고 있는 것이다. "인간은 자신이 자연에 대한 무분별한 착취로 자연을 파괴하고 있고 '스스로가 이 파괴의 희생물이 되고' 있다."[66] 인간이 다른 피조물들과 무관하게 생존할 수 없고, 그들이 인간 생존의 기본 조건이라는 점에서 자연은 인간에게 봉사하고 있는 것이다. 그렇다면 연대성의 측면에서 볼 때 인간도 당연히 자연에 봉사해야 한다. 그것은 마치 한 가족의 구성원들이 서로 돕고 의지하며 봉사하지 않는다면 가정 전체의 평화가 깨어질 수밖에 없는 이치와 같다. 자연에 봉사하는 것이 곧 자신에게 봉사하는 것이기 때문이다.

셋째, 공동선의 원리는 개인과 사회의 유기적 결속과 상호 협력에 의해서 모든 사람에게 현세 행복이 성취될 수 있어야 하기에, 자유방임적 개인주의나 또는 맹목적 집단주의로 빠지는 것을 경계한다.[67] 이것은 기본적으로 "공동선과 개인 선(善)의 동등성과 등가치성"[68]에 대한 존중을 의미하므로, 개인 선이 희생되지 않으면서 공동선이 존중되는 상호 보완 관계를 의미한다. 인간과 다른 피조물들과의 관계에서도 이러한 원리가 적용될 수 있다. 인간끼리만의 공동선이 아니라 인간과 자연을 모두 포괄하는 공동선 개념을 생각할 때, 개인의 기본권 실현을 피조물 전체의 공존과 공동 번영이라는 맥락에서 추구해야 하는 것이다.

넷째, 개인과 사회 사이에 또는 작은 집단과 더 큰 집단 사이에 적용되는 자조를 위한 협조의 법칙인 보조성의 원리[69]도 생태론적 측면에서 시사하는 바가 크다. 보조성의 원리가 사회적 자율 질서의 존중을 뜻한다면, 인간이 조장하는 생태계 파괴는 이 원리에 위배되고 '불의이자 중대한 해악'이며 창조의 질서를 교란시키는 행위다. 인간의 자연에 대한 개입은 필요한 만큼만, 그리고 하느님의 창조 질서를 깨지 않는 범위 내에서 이루어져야 한다는 점을 배울 수 있다.

창조 영성을 향하여

창조주 하느님에 대한 믿음과 우리의 구원자이신 하느님에 대한 희망으로부터 현재의 사랑의 삶이 나오는 것이고, 하느님에 대한 올바른 인식과 체험은 인간이 사랑하지 않고는 견딜 수 없게 만든다. 피조물에 대한 깊은 이해와 사랑도 결국은 만물의 근원이신 하느님으로부터 비롯되는 것이다. 그러나 인간의 현실적인 삶과 한반도의 민족적, 생태적 분단의 실상은 믿음과 희망과 사랑의 삶이 그다지 간단한 것이 아님을 보여 준다.

그리스도인들이 걸어가야 할 길과 현실의 길 사이에 존재하는 간격이 보통이 아니다. 남북으로 갈린 민족은 전쟁으로 맺힌 원한과 불신을 반세기가 지나도록 풀지 못하고 있다. 남북한 주민이 서로 상대를 진정한 한 가족으로, 한 형제자매로 받아들이지 못하는 상황에서 피조물 전체와의 화해는 더욱 어려운 문제다.

문제 해결은 근본적으로 인간 문제와 자연 문제가 각기 별개의 것이 아니라는 데에 있다. 문제를 해결하는 데 절대적인 의미의 무슨 순서적 조건이 있는 것은 아니다. 가령 반드시 민족 화해가 실현되어야만 자연과의 화해가 비로소 가능하다든지, 아니면 그 반대의 경우라든지 하는 것이다.

물론 민족 화해의 성과는 바로 남북 교류의 활성화로 이어지고 그 속에서 자연과의 화해를 공동으로 모색할 가능성이 더욱 큰 것은 사실이지만, 생태적 화해를 민족

화해의 실현 때까지 유보하거나 민족 화해를 이유로 생태적 화해를 외면할 수 없다는 말이다.

문제의 뿌리는 결국 한가지에서 출발하는 것이라고 할 수 있다. 하느님과의 관계 단절로 인한 사람끼리의 반목, 자연과의 반목이 그것이다. 눈에 보이는 이익과 자기중심적 현실에 안주하려는 근시안적인 삶의 태도는 인간의 고통과 자연의 고통을 외면하게 만든다.

북한은 북한대로 자기 체제의 유지와 합리화를 위하여 자연을 착취하고 '인민'의 삶을 볼모로 삼고, 남한은 남한대로 무한 성장을 위해 질주해 오면서 자연을 파헤치고 민족의 오랜 정신적·생태적 지혜들을 물질주의적 우상과 맞바꾸어 버렸다. 물질주의, 세속주의, 김씨 일가의 우상화는 하느님과의 관계 단절의 단면이다.

따라서 친환경적 민족 공동체의 실현은 본질적으로 파괴된 하느님과의 관계를 다시 회복하는 일이다. 그것이 곧 남북한 사람들의 화해와 공존 그리고 통일과 평화

〈도표 4〉 창조 영성을 위하여

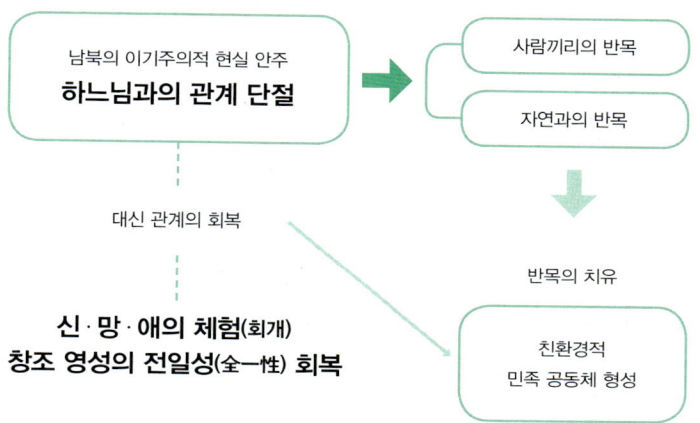

를 위한 길이고, 한반도의 창조 질서를 다시 회복하는 길이다. 민족적 화해와 생태적 화해는 근본적으로 하느님과의 화해의 앞뒷면일 뿐이다.

하느님의 창조는 모든 것을 아우르는 하나이므로, 그리스도인은 참된 믿음과 희망, 사랑의 의미를 하느님과 인간 공동체, 생태 공동체의 차원에서 성찰하고 자신의 변화를 추구함으로써 창조 영성의 전일성(全一性)을 체험할 수 있고, 비로소 친환경적 민족 공동체 구현에 실천적으로 이바지할 수 있다(도표 4).

이를 위하여 다음 세 가지를 강조할 수 있다.

첫째, 하느님과의 관계 단절을 고착시키는 우리 자신의 태도를 바꾸는 것이다. 이것을 우리는 회개(Metanoia)라고 부른다. 창조 질서의 회복을 위하여 사람과 자연에 대해 행해지는 불의와 폭력을 종식시킴으로써 하느님과 화해하는 것이다.[70] 그동안 물질적 차원에만 치우쳐 온 우리의 의식과 생활 습관을 바꾸는 것이다. 물질적 소유 위주의 삶이 아니라 비물질적 가치를 새롭게 발견하여 인간의 내면적 풍요를 추구하는 삶으로의 방향 전환은 그리스도교적 창조 영성의 회복을 위해서 중요하다.

둘째, 믿음·희망·사랑의 차원이 이미 그렇듯이, 창조 영성의 전일성은 인간의 눈에 보이는 차원은 말할 것도 없고 보이지 않는 차원에까지 의식을 확장하는 것을 의미한다. 달리 말하면, 세상 만물에 대한 감수성과 우정을 새롭게 지니는 것이다.[71] 자신의 삶이 지구의 모든 사람들과 대자연에 연결되어 있어서 알게 모르게 서로 영향을 주고받고 있음을 의식하며 사는 것이다. 이러한 연관성에 있어서 물리적인 거리 개념은 크게 문제가 되지 않는다.

한 개인의 부주의하고 무의식적 자연 파괴나 환경 오염이 지구 정반대 편에 살아가는 사람들이나 그곳의 생태계에 영향을 줄 수 있는 것이다. 그리고 이 점은 한반도 안에서도 마찬가지다. 따라서 이것은 개인의 가치관, 우주관, 인생관의 설정이 온 세상 사람들에게로 우주 만물에게로 확대되는 것을 의미한다.

"한 지체가 고통을 겪으면 모든 지체가 함께 고통을 겪습니다. 한 지체가 영광을 받으면 모든 지체가 함께 기뻐합니다."(1코린 12,26)

창조 영성은 인간뿐만 아니라 모든 피조물을 하느님

안에서 한 몸이라고 의식함으로써 가능하다. 더불어 살아가야 할 동식물들과 창조 세계 전체에 대하여 한 몸이라고 느낄 때 그들을 사랑하지 않을 수 없는 것이다.

셋째, 기도의 내용도 달라져야 한다. 우리가 이웃 인간을 위해 기도하듯이, 인간으로 인해 병들어 신음하는 생태계도 우리의 기도 지향 안에 들어와야 한다.[72]

이웃을 위한 기도가 단순한 말만이 아니라 실천까지 포괄하듯이, 물론 생태계를 위한 기도 역시 기도한 바에 대한 구체적 실천이 수반될 때 참된 기도가 될 수 있음은 자명하다. 그래야 우리는 비로소 낭비나 오염, 파괴가 아니라 한반도와 지구를 살리고 하느님의 창조 질서를 회복시키는 창조의 영성을 몸으로 배울 수 있다.

우리의 발걸음

교회의 생태 의식 고양과 생태 운동 역량의 강화

친환경적 민족 공동체라는 대의에 기여하기 위해서 우선 교회 내적인 여건의 정비가 선행되어야 한다. 한국 교회의 환경 의식 보급 및 환경 운동은 1990년대 초반부터 본격적으로 증대되고 조직화되기 시작하여 2000년대 들어 각 교구와 주교회의 차원의 전국 위원회에 이르기까지 제도적인 발전을 이룩해 왔다.

교구마다 사정이 다르기는 하지만, 전체적으로 아직까지 신자 대중들의 의식과 신앙생활 속에서 환경 문제를 신앙적 차원으로 이해하고 받아들일 만큼 분위기가 마련되지는 못하였다. 따라서 한국 가톨릭교회가 신자 개인뿐만 아니라 공동체 차원에서 환경 문제를 신앙생활의 중요 관심사로 여길 만큼 분위기가 성숙되기 위해서는 다음의 몇 가지 점들을 위한 노력이 제고되어야 한다.

첫째, 신자들의 환경 의식을 신앙적으로 고양시킬 수 있도록 교회의 제도적 장치가 강화되어야 한다. 교구 차원의 전담 기구가 교구 내 여타 조직과 유기적인 관계 속에서 기능을 다할 수 있도록 위상 제고와 재정적 뒷받침이 보장되어야 한다.

또한 현재 일부 본당 사목구에서 그나마 형식적으로 유지되고 있는 사목평의회 산하 환경분과가 명실공히 본당 사목구의 환경 사목의 구심점이 될 수 있도록 체제가 정비되어야 한다. 그래서 교구와 본당 사목구가 신자들의 환경 의식 제고와 신앙적 승화를 위하여 긴밀히 협력할 수 있어야 한다. 그렇게 되어야만 한반도의 친환경적 민족 공동체 건설을 위해 교회가 기여의 몫을 담당할 수 있기 때문이다. 물론 전국 차원이나 교구 간의 연대가 필요함은 더 말할 필요 없겠지만 이것은 기본적으로 개별 교구의 역량을 전제로 하므로, 개별 교구 내에서의 의식 증진과 제도적 보완이 급선무다.

이러한 제도적 토대 위에서 신자들이 현대 환경 문제에 대한 신앙적 성찰과 실천을 배울 수 있는 것이다. 그리고 더 나아가서 신자들의 의식과 삶의 변화는 바로 사회적 분위기 쇄신에 직접적으로 기여하는 효과가 있다. 창조 질서의 왜곡과 파괴 문제에 대해서 누구보다도 더욱 앞장서야 할 주체가 바로 그리스도교 교회라는 점을 생각한다면 이러한 계도 정비를 통한 교회 환경적 역량 강화는 당연한 귀결이다.

미국 예수고난회 신부이면서 저명한 문화 사학자인 토마스 베리(Thomas Berry, 1914~)가 "종교를 교육, 기업, 정부와 함께 세계 변화의 중요한 사회적 원동력 중의 하나"[73]라고 강조한 점을 상기하면, 환경을 위한 교회적 역량의 제고는 하느님 나라를 위한 교회의 사회적 사명에도 부합한다고 할 수 있다.

둘째, 교회 내외적 파급 효과를 감안할 때 특별히 고위 성직자의 동참이 중요하다. 서구 교회가 1980년대 환경 운동을 전개하기 시작할 때부터 최고위 성직자들이 함께했다는 점을 상기할 필요가 있다.[74] 이로써 사회 전반에서 환경 문제에 대한 공감대 형성에 효과적으로 기여하였다.

셋째, 교회적 환경 의식을 심화시키고, 환경 참여가 단발성 행사나 소극적 차원에 머물지 않고, 지속적이고 체계적인 '신앙생활'이 되기 위해서는 교회 구성원들의 의식 각성이 무엇보다 중요하다. 이를 위해서 창조 신학 및 영성의 교육과 환경 교리에 대한 프로그램이 개발되고 보급되어야 한다.

남북한 환경 협력에 동참

한반도 창조 질서를 보전하고 친환경적 민족 공동체를 바로 세우기 위해서는 남북 간의 평화 보장 및 북한에 대한 경제적 지원과 협력이 병행되어야 한다. 북한이 식량, 에너지 등 생존 문제를 극복하고 친환경적 생산과 소비 구조를 위한 기술, 장비 등 사회적·경제적 기반을 마련하려면 개혁과 개방, 남한과의 경제 교류가 필수적이다. 이러한 맥락에서 교회도 다음과 같은 사항을 고려할 수 있다.

첫째, 대북 지원에 대한 소극적·부정적 자세를 버리고 남북 교류와 협력, 경제적 지원에 대한 교회 내의 적극적이고 긍정적인 분위기가 조성되어야 한다. 현재 주교회의 민족화해주교특별위원회, 주교회의 민족화해위원회, 각 교구 민족화해위원회가 조직되어 가동되고 있는 것은 그런 점에서 다행스러운 일이다. 그러나 현재의 남한 교회의 교세나 경제적 수준을 고려할 때 지원 규모가 정책적으로 더욱 확대되어야 하고[75] 지원 사업의 지속적이고 효율적 추진을 위해서는 대북(선교) 지원 사업에 대한 중·장기 추진 방안이 수립되어야 한다. 남북 관계가 국내 정치나 국제 관계에 의해 크게 좌우되고 그동안 많은 부침(浮沈)을 겪어 온 것을 고려한다면, 교회적 차원의 대북 지원 정책도 보다 다차원적인 전문 연구를 통해 준비하고 추진해야 한다.

둘째, 현재까지 교회의 대북 지원은 의약품과 생필품 지원이나 국수 공장 지원 등과 같은 기초 민생 문제의 해결에 국한되어 있으나,[76] 직접적으로 북한의 생태 질서 회복을 위한 지원 방안도 강구되어야 한다. 사단법인 '평화의 숲'[77]이 전개하는 북한의 산림 복구 지원 사업과 같은 민간 단체의 환경 지원 사업에 동참하거나, 가능하다면 독자적인 프로그램도 구상할 수 있을 것이다.

셋째, 정부와 민간이 공동으로 참여하는 가칭 '남북 환경 기금'[78] 조성이 이루어진다면 여기에 교회적 차원에서 적극 나설 수도 있겠지만, 당장은 각 교구별로 조성 중에 있는 '통일 기금'을 북한의 생태 복원 사업과 연계시켜 활용할 수 있는 제도적 방안을 연구하거나, 별도의 생태 기금 조성을 고려할 수 있을 것이다.

이는 분명 분단과 대립으로 인한 민족의 십자가를 교

회가 기꺼이 짊어지겠다는 의지의 구체적 표현이기에 중요한 의미를 지닌다. 그리고 이 점을 독일 통일을 위해 기여한 당시 서독 교회로부터 배울 수도 있다.

  서독의 개신교와 가톨릭교회는 동독 교회에 대한 일관된 지원을 통해 민족의 십자가를 기꺼이 지는 역할을 했을 뿐만 아니라 동·서독의 통일에도 크게 기여하였기 때문이다.[79] 서독 교회가 동독 교회를 재정적으로 지원할 때 언제나 무조건적인 지원이 아닌 명목 있는 지원이었으나, 재정 지원이 용도대로 쓰였는지를 단 한 번도 확인하지 않았다는 점은 우리에게 시사하는 바가 크다. 이것이 양 교회 사이의 바람직한 유대 관계 지속에 긍정적으로 작용했음은 말할 것도 없다.[80]

하나의 생태계

한반도의 환경 문제는 지구적 남북 문제의 축소판이다. 북반구의 물질적 풍요와 남반구의 빈곤이 모순적이게도 자연 파괴와 환경 오염이라는 같은 문제를 배태(胚胎)하고 있다면, 한반도의 남과 북도 동일한 구조 속에 있다.

근 한 세기 동안 인류 사회를 풍미했던 서구 자본주의와 사회주의라는 상이한 이념과 체제의 대립 구도 속에서도 산업화와 물질적 가치관이라는 공통 기반에 의해 초래된 환경 문제는 동서의 차이를 없애 버렸다.

북한이 더 이상 사회주의 체제라고 할 수 없을 만큼 변질되기는 했지만, 기본적으로 세계적 동서 대립의 구도를 남북한에 적용할 수 있다. 그러나 한반도의 환경 문제는 남북 간의 이념이나 체제의 차이와 상관없이 악화되어 있다.

한반도가 하나의 생태계를 이루듯이, 지구도 결국 하나의 생태계다. 한반도 생태계는 지구 생태계라는 전체의 한 부분이다. 따라서 한반도의 환경 문제는 지구 환경 문제, 지구 생태계라는 거시적 차원과 무관하게 취급될 수 없다. 남북한 환경 문제에 대한 진단과 처방이 국가나 민족적인 견지에서뿐만 아니라 지구적인 맥락, 인류 공동체적인 맥락에서도 함께 이루어져야 한다. 그러므로 친환경적 민족 공동체 건설은 민족적 집단 이기주의를 의미하지 않는다.

'하나의 생태계'라는 범주 속에는 인간과 여타 만물이 모두 포함된다. 즉, 생태계의 문제는 사람끼리의 문제(대인 차원)와 사람과 자연 간의 문제(대물 차원)를 함축한다. 대물 차원이 자연에 대한 인간 폭력의 결과인 현대 환경 문제를 직접적으로 지칭하고 있다면, 대인 차원의 문제인 남북 대결 구도, 동서 대결 구도는 결과적으로 환경 문제를 심화시키는 구조다. 한반도가 '하나의 생태계'로서 친환경적 민족 공동체를 이루기 위해서는 직접적으로 파괴된 생태계를 치유하고 복원시키기 위한 작업에 남북이 모두 협력하여야 한다(환경 운동).

그러나 동시에 남북 환경 협력이 가능하려면 '사람끼리의 문제'도 함께 해결하지 않으면 하나의 생태계라는 목표는 실현될 수 없다. 즉, 남북 간의 경제적 나눔과 군사적 긴장 완화, 평화 보장 그리고 최종적으로는 민족 통일에 이르기까지의 화해와 교류가 전개되어야 한다(정의 평화 운동).

따라서 한반도의 친환경적 민족 공동체는 사람과의 화해, 자연과의 화해를 통해서 지구적 맥락 안에서 완성될 수 있는 것이다. 그러나 우리 조상들의 생태적 지혜와 전통이 보여 주는 바와 같이, 인간의 삶은 비가시적 영적 차원을 포괄하고 있다(대신 차원).[81]

인간과 만물이 더불어 행복할 수 있는 친환경적 민족 공동체는 대인·대물 차원의 정의와 평화가 영적·종교적으로 통합될 때 비로소 온전히 실현될 수 있음을 의미한다.

그리스도교는 하느님을 온 우주 만물의 창조주로 고백하고 예수 그리스도의 십자가와 부활을 통한 피조물의 구원과 완성을 믿는다. 구원의 필요성과 당위성이 인간뿐만 아니라 우주의 모든 피조물에게 해당되며, 인간은 그들과 '형제자매'의 관계에 있다. 따라서 현대의 환경 문제는 신앙 문제와 직접적으로 연관되며, 환경 파괴와 분단으로 고통받는 한반도의 실상은 그리스도인들에게 하나의 도전이 되고 신앙적 응답을 요구한다. 이런 맥락에서 환경 문제와 한반도의 '친환경적' 민족 공동체를 향한 신학적 성찰을 그리스도교적 생활의 기초인 향주 삼덕의 틀 속에서 시도한 것이다.

창조주에 대한 믿음과 구원에 대한 희망은 공동 피조물인 자연에 대한 사랑에까지 이르지 않을 수 없다는 것이다. 그리고 이러한 사랑은 만물에 대한 영적 감수성으로 생활화되고 친환경적 민족 공동체 실현을 위한 그리스도교의 구체적 기여의 기초가 된다.

앞서 언급한 '우리 민족의 전통적 생태 의식'은 비록 그리스도교적 이해와는 뚜렷한 차이를 드러내지만, 이 땅에서의 환경 논의를 위해서 무시할 수 없는 부분이다. 이 글에서는 이에 관한 깊이 있는 논의나 신학적 평가를 시도하지 않고 다만 간단히 언급하고 넘어갔다. 한반도에서의 환경 신학적 탐구를 위한 연구 과제로 남겨 둔다.

주석

하느님을 용서한다고?

1) 히브리인들에게 보낸 서간은 그리스도인들이 오랫동안 신앙생활을 해 왔음에도 불구하고 초보적인 신앙에서 벗어나지 못하고, 전례와 선행, 봉사를 멀리하는 등, 초기 그리스도교적 열성이 식어 가고, 더욱이 박해로 인해 배교할 가능성마저 컸던 시기에 저술되었다. 신자들이 굳건한 신앙을 지니고 어떠한 시련과 박해라도 항구히 이겨 나갈 것을 권면하면서, 착실한 신앙생활과 시련 속에서의 인내, 사랑, 봉사, 기도 등을 주요 내용으로 삼고 있다. 특별히 희망에 대한 고백을 굳게 지키고 서로 사랑하며 선행을 실천하고, 교회의 전례에 참여하는 가운데 기쁨을 발견하며, 진리의 말씀을 들어 깨닫고 외면하지 않는 이에게는 하느님의 심판이 더 이상 두렵지 않음을 깨우쳐 준다. Cf. David und Pat Alexander(Hg.), *Handbuch zur Bibel*, R. Brockhaus Verlag, Wuppertal, 1975, pp. 626~632.

2) 〈교회 헌장〉, 11항.

3) 《가톨릭 교회 교리서》, 1308항.

4) 참조: 박재만, 《영적 지도: 그리스도인 성숙을 위한 도움》, 가톨릭대학교출판부, 1996, 27~32. 73쪽.

5) 참조: 심상태, 《인간: 신학적 인간학 입문》, 서광사, 1989, 165~166쪽.

6) 참조: 박노연 편저, 《103위 성인전》(재개정판), 최석우 감수, 을지출판공사, 2004, 222~226쪽.

7) 참조: 요한 보스코 성인, 《성 도미니코 사비오》, 변기영 옮김, 성바오로출판사, 1987; 한상렬, 《성 도미니꼬 사비오》, 성황석두루가서원, 1990.

8) 참조: 가톨릭대학교 인간학교육원 편저, 《사람과 사람》, 가톨릭대학교출판부, 2002, 83~93. 116~126쪽. 정신 분석가이자 자아 심리학자였던 에릭 에릭슨(Erik

H. Erikson, 1902~1994)은 인간의 삶의 시기를 여덟 개의 단계로 구분하였다. 그에 따르면 어린아이가 자라면서 학교 시기(6~12세)에 가정이라는 울타리를 떠나 이웃과 학교를 경험하면서 열등감을 경험하고, 청소년기(12~18세)에는 정체성의 혼란을 겪는다. 대인 관계에서 진정한 '사랑'을 체험하는 것은 청년기(19~35세)에 들어와서이다. Cf. Erik H. Erikson, *The Life Cycle Completed*, New York, W.W. Norton, 1982, pp. 32~33.

9) 〈사목 헌장〉, 27항.

10) 유다인들이 사마리아인들과 상종하지 않는 관습을 깨고 예수님께서 우물가에서 사마리아 여인과 대화(요한 4,1-42)하시고, 가나안 여자의 믿음에 감탄하며 칭찬하신 모습(마태 15,21-28) 등은 좋은 예이다.

11) 독일 가톨릭교회의 국제 원조 기구인 미세레오르(MISEREOR)는 1958년에 설립되어 피부색이나 종교, 국가 등의 경계를 넘어 제3세계의 가난한 사람들을 돕기 위해 활동한 지 벌써 만 50년이 넘었다(Cf. http://www.misereor.de). 특히 라틴 아메리카의 가난한 사람들을 돕기 위해 1961년에 설립된 독일 교회의 아드베니앗(ADVENIAT)은 지금껏 210억 유로에 이르는 원조를 해 오고 있다(Cf. http://www.adveniat.de).

12) 참조: 요한 바오로 2세 교황, 〈창조주 하느님과 함께하는 평화, 모든 피조물과 함께하는 평화〉, 세계 평화의 날 교황 담화문(1990년 1월 1일), 제13항, 《한국천주교중앙협의회 회보》, 제56호(1990.1.1), 4~5쪽.

13) 참조: 버나드 J. 티렐, 《그리스도테라피 II: 마음 비우기와 채우기》, 유병일·김중원 옮김, 가톨릭대학교출판부, 2004, 91~93쪽.

14) 이는 바오로 사도의 다음 말씀과 같은 경지라고 할 수 있다. "그뿐만 아니라 나의 주 그리스도 예수님을 아는 지식의 지고한 가치 때문에, 다른 모든 것을 해로운

것으로 여깁니다. 나는 그리스도 때문에 모든 것을 잃었지만 그것들을 쓰레기로 여깁니다."(필리 3,8)

15) 참조: 심상태, 《인간: 신학적 인간학 입문》, 서광사, 1989, 176~184쪽; 에머리히 코레트, 《인간이란 무엇인가: 철학적 인간학의 기본 개요》, 안명옥 옮김, 성바오로출판사, 1994, 304~309쪽.

16) Cf. Christian Grethlein, "Familie—Paedagogisch", Hans Dieter Betz u.a. (Hg.), *Religion in Geschichte und Gegenwart: Handwoerterbuch fuer Theologie und Religionswissenschaft*, 4. voellig neu bearbeitete Auflage, Bd.3, Tuebingen, Mohr Siebeck, 2000, pp. 22~23.

17) 참조: 《가톨릭 교회 교리서》, 1102. 1428. 1993. 2001~2002항; 박재만, 위의 책, 33~39쪽.

18) Cf. Antonio Royo and Jordan Aumann, *The Theology of Christian Perfection*, Iowa, The Priory Press Dubuque, 1962, p. 107.

19) 《가톨릭 교회 교리서》, 794항.

20) Cf. Bernard Haering, *A Sacramental Spirituality*, New York, Sheed and Ward, 1965, pp. 9~11; 하나후사 류이치로, 《영성 생활 길잡이》, 정구현 옮김, 가톨릭대학교출판부, 2003, 23~29쪽.

21) 하나후사 류이치로, 위의 책, 50쪽.

22) 참조: 박재만, 위의 책, 34~35쪽.

23) 아우구스티노 성인, 《고백록》, 최민순 옮김, 바오로딸, ²2008, 23쪽(tu excitas ut laudare te delectet, quia fecisti nos ad te et inquietum est cor nostrum donec requiescat in te).

24) 그래서 일상에서 벗어나 자신의 삶을 조용히 돌아보고 특별히 하느님과 자신의

관계를 묵상하고 기도하는 시간을 흔히 '피정'(避靜, retreat)이라고 부른다. 참조: 류해욱, "피정", 《한국가톨릭대사전》, 제12권, 한국교회사연구소, 2006, 9182~9186쪽.
25) Cf. Karl Rahner, *Praxis des Glaubens: Geistliches Lesebuch*, Hg. v. Karl Lehmann und Albert Raffelt, 3. Auflage, Freiburg im Breisgau, Herder, 1985, pp. 279~287.
26) 2007년도 한국 천주교회 통계에 따르면, 우리나라 천주교 신자들의 주일 미사 참석률은 그나마 27.2%로 아주 저조한 편이다. 자신의 영신 생활의 발전을 위하여 일주일에 일정 몫의 시간을 기도와 미사 참여에 바치는 것이 실제로는 쉽지 않다는 현실을 반영한다. 참조: 한국천주교주교회의, 《한국천주교회 통계 2007》, 한국천주교중앙협의회, 2008, 33쪽.
27) 참조: 최창무, 《윤리신학 II》, 가톨릭대학교출판부, 1989, 99~100쪽.
28) 구약 시대에 파스카는 이스라엘 사람들이 종살이를 하던 이집트에서 하느님의 천사가 그들이 사는 집을 지나쳐 재앙을 면하고 이집트를 탈출하여 노예 생활에서 벗어난 것을 기념하는 축제를 뜻했다. 하지만 신약에서는 일차적으로 죽음을 이기고 부활한 예수 그리스도의 부활 사건을 의미하고, 나아가 모든 그리스도인들도 죽음을 넘어 새 생명에로 넘어가도록 초대되었음을 뜻한다. 참조: 백민관 엮음, 《가톨릭에 관한 모든 것: 백과사전》, 제3권, 2007, 97쪽; 김윤주, "과월절", 《한국가톨릭대사전》, 제1권, 한국교회사연구소, 1995, 512~513쪽.
29) 참조: 존 헤이글, 《고통과 악》, 이세형 옮김, 생활성서사, 2003, 179~182쪽.
30) 신앙생활의 자양분이 되는 것 중에서 가장 탁월한 것은 주님께서 직접 당신 자신을 제자들의 양식으로 내어 주시는 성체성사(Sacramentum Eucharistiae)의 신비다. 의식하든 못하든 간에 신자들은 이미 성체성사로써 양육되고 있는 주님의 자녀들이다. 그런데 영성체를 하고도 그것을 잘 느끼지 못하는 데에 문제가 있다. 마치

하루 세끼 밥을 먹고 살면서도 밥의 고마움이나 중요성을 잘 느끼지 못하는 것과도 같다. 성체성사의 소중함을 제대로 의식하지 못하는 이유는 열의 없이 단순히 습관적으로 한 영성체 때문일 수도 있고, 성체를 영할 준비가 제대로 되지 못했기 때문일 수도 있다. 의무적으로 주일 미사에 와서 별 생각 없이 습관적으로 하는 영성체는 마치 먹기 싫은 밥을 억지로 먹는 것과도 같다. 식사를 그렇게 하면 체하기 쉽듯이, 그런 식의 영성체는 오히려 신앙생활에 해로울 수도 있다. 하느님에 대한 불경이 될 수 있기 때문이다. 밥을 먹고 열심히 일을 하고 나면 다음 끼니가 기다려진다. 활동을 통해서 먹은 밥이 에너지로 변환되어 모두 사용되었기 때문이다. 그래서 배가 고프고 뭔가 식욕이 솟을 때 대단한 요리가 아니더라도 밥맛이 달게 느껴진다. 성체성사도 이와 같다. 예수님을 모시고 예수님 뜻대로 열심히 살다 보면 그분을 더 갈망하게 된다. 그분의 도움과 위로와 힘이 더욱 필요해진다. 그것은 아마도 삶의 모습과 십자가의 무게에 비례할지도 모른다. 짊어져야 할 십자가가 무겁다고 느낄수록 더욱 하느님의 도우심을 필요로 하기 때문이다. 참조: 2000년 대희년 신학역사위원회, 〈하느님 생명의 선물인 성찬례〉, 대희년 준비 공식 교리서, 《성체성사》, 한국천주교중앙협의회, 2005, 282~293쪽.

31) Cf. Louis Bouyer, *Introduction to Spirituality*, New York, Desclee Company, 1961, pp. 125~141.

32) Cf. Konrad Hilpert, "Tugend, Tugendlehre", *Lexikon der christlichen Ethik*: L~Z, Hg. v. Gerfried W. Hunold u.a., Freiburg, Herder, 2003, pp. 1857~1862.

33) 참조: 《가톨릭 교회 교리서》, 1812~1829항.

34) 참조: K.H. 페쉬케, 《그리스도교 윤리학》, 제2권, 김창훈 옮김, 분도출판사, 1998, 26쪽.

하느님은 왜 당신 이름을 알려 주시고 함부로 부르지 말라고 하시는가?

1) 참조: 요하네스 그륀델, 《십계명: 어제의 오늘》, 김윤주 편역, 왜관, 분도출판사, 1978, 13쪽; 헤르베르트 고르닉 편, 《십계명의 현대적 이해》, 이정배 옮김, 전망사, 14쪽.

2) 참조: 제2차 바티칸 공의회 문헌, 〈교회에 관한 교의 헌장〉, 9항; 〈하느님의 계시에 관한 교의 헌장〉, 4. 7. 16항; 〈비그리스도교에 관한 선언〉, 4항.

3) 요하네스 그륀델, 앞의 책, 59쪽.

4) Cf. K. Goldammer, *Wörterbuch der Religionen*, Stuttgart, Alfred Kröner, ^{4}1985, p. 415.

5) 참조: 요하네스 그륀델, 앞의 책, 61쪽.

6) G. 뻬두, 《구약성서 인간론》, 박철우 역, 도서출판 토기장이, 1994, 84쪽.

7) 이름은 "그 사람의 본질과 특성뿐 아니라 그 사람에 대한 기대와 소망도 나타냈던 것이다."(요하네스 그륀델, 앞의 책, 61쪽). 참조: 창세 21,6; 25,19~26; 김정준, 〈십계명 연구〉, 《기독교사상》(1965/11), 114~115쪽; J. Dupont, "이름", X. 레옹-뒤푸르, 《성서신학사전》, 광주, 광주가톨릭대학, 1984, 477쪽.

8) 참조: G. 뻬두, 앞의 책, 85쪽; H. Fischer(Hg.), *Biblische Unterweisung: Handbuch zur Auswahlbibel* ≫*Reich Gottes*≪, Bd.1, München, Kösel, 1964, pp. 164~168. 신약에서 사울이 바오로가 된 것도 대표적인 예에 해당된다. 교황 즉위에 새 이름을 정하는 일, 수도자의 수도명, 세례 받는 사람들이 갖게 되는 세례명도 같은 맥락에서 의미가 있다.

9) 참조: 요하네스 그륀델, 앞의 책, 60쪽.

10) Cf. H.A. Mertens, *Handbuch der Bibelkunde*, Augsburg, Bechtermünz, 1997, p. 72. 그러나 아담이 다른 피조물의 이름을 붙여 주었다고 해서 아담이 '소유권'을 지닌다고 할 수는 없을 것이다. 그것은 오히려 창조주이신 하느님 신앙과도 맞지 않기 때문이다. 최근의 환경신학적 관점과 같이, 여기서는 다른 피조물에 대하여 아담이 '관리권'을 지닌다고 해야 할 것이다.

11) 요하네스 그륀델, 앞의 책, 61쪽.

12) Cf. W. Buisman, *Du und die Religion: Eine Einführung in das religiöse Leben der Menschheit*, Berlin, Ullstein, 1953, pp. 58~59 und 84; Deutsche Bischofskonferenz(Hg.), *Katholischer Erwachsenen-Katechismus*, Bd.2: Leben aus dem Glauben, Bonn, 1995, p. 176.

13) Cf. H.A. Mertens, *op.cit.*, p. 76. "야훼란 이름이 곧 야훼 자신이었다. 야훼의 권위, 능력, 권리, 영광, 소유가 그 이름으로 대표되었다. 야훼의 이름을 아는 것이 곧 야훼 자신을 아는 것이었다."(김정준, 앞의 글, 115쪽)

14) Cf. W.C. Kaiser, Jr., *Toward Old Testament Ethics*, Michigan, The Zondervan Corporation, 1983, p. 88.

15) 참조: 캠벨 몰간, 《십계명》, 김원주 옮김, 풍만출판사, 1987, 43쪽.

16) 하느님은 이제 스스로를 '있는 자'(Jahwe: I am who I am)로 칭한다. 우리도 분명 존재하는 자인 것은 맞다. 그러나 하느님은 스스로 '존재하시는 분'(der Seiende)으로서, 당신의 본질과 당신의 존재를 우리 피조물들처럼 다른 어떤 것으로부터 부여받지 않고 스스로 가지시는 분이시다. Cf. M. Premm/K. Böcklinger, *Christlicher Lebenswandel: Eine Moraltheologie für Laien*, Salzburg, 1969, pp. 147~148.

17) W.H. Schmidt, *Die Zehn Gebote im Rahmen alttestamentlicher Ethik*,

Darmstadt, 1993, p. 78.

18) 요하네스 그륀델, 앞의 책, 62쪽.

19) J. Schreiner, *Die Zehn Gebote im Leben des Gottesvolkes*, München, Kösel, 1988, p. 69; Cf. W.H. Schmidt, *op.cit.*, p. 79.

20) K.H. 페쉬케, 《그리스도교 윤리학》, 제2권, 김창훈 옮김, 왜관, 분도출판사, 221쪽.

21) J. Dupont, 앞의 글, 478쪽.

22) 입장에 따라서는 그중에서 어느 한 가지에다가만 제2계명의 원래의 의미를 부여하려는 시도들도 있다. 그러나 이에 대해서는 아직도 학자들간의 의견이 일치하지 않는다. 이 문제의 규명을 위해서는 무엇보다 고고학적 연구가 필수적일 것이다. 여기서는 어느 한 가지에다만 계명의 의미를 제한하지 않고 윤리적 측면에서 여러 문제들의 신학적 정당성만을 살펴보기로 하겠다. 서로간의 미묘한 시각차이에 대해: Cf. T. Veijola, "Das dritte Gebot (Namenverbot) im Lichte einer ägyptischen Parallele", *Zeitschrift für die alttestamentliche Wissenschaft* 103 Bd.(1991), pp. 1~4; 김이곤, 〈십계명과 그 가르침(I)〉, 《기독교사상》 356(1988/8), 207~208쪽.

23) 페쉬케는 전자를 소죄로, 그리고 후자를 중죄로 분류하고 있다(참조: K.H. 페쉬케, 앞의 책, 222~224쪽). 하느님을 직접적으로 모독하거나 저주, 거짓 맹세와 거짓 증언에 관하여: Cf. E.F. Healy, *Moral Guidance*, Chicago, Loyola University Press, 1942, 107~117쪽; 존 E. 졸러, 《십계명 해설》, 권명달 옮김, 보이스사, 1990, 77~98쪽; 최창무, 《윤리신학 II》, 가톨릭대학교출판부, 1989, 43쪽.

24) Cf. M. Premm/K. Böcklinger, *op.cit.*, pp. 148~149; Deutsche Bischofskonferenz(Hg.), *op.cit.*, p. 177; G. Ebeling, *Die Zehn Gebote*, Tübingen, 1973, pp. 79~80; 사도 4,11-12; 필립 2,10-11.

25) K.H. 페쉬케, 앞의 책, 222쪽.

26) 교회의 전례에서 하느님을 직접 호칭하며 부를 때 신자들은 최대의 예를 표한다. 전통적으로 '영광송'을 기도할 때 사람들이 머리를 숙이는 것도 하느님에 대한 경외심의 외적 표현이다.

27) 김충열, 《김충열 교수의 노장철학강의》, 예문서원, 1995, 117~118쪽에서 재인용. 참조: 원정근, 《도가철학의 사유방식》, 법인문화사, 1997, 233~256쪽.

28) Cf. B. Häring, Frei in Christus: *Moraltheologie fuer die Praxis des christlichen Lebens*, Bd.1, Freiburg, Herder, 1979/1989, pp. 439~442.

29) 참조: A. George, "맹세", X. 레옹 - 뒤푸르, 《성서신학사전》, 광주, 광주가톨릭대학, 1984, 151쪽.

30) 최창무, 앞의 책, 41쪽.

31) 참조: R. 켄트 휴스, 《현대인을 위한 십계명 해설: 십계명》, 박경범 옮김, 은성, 1994, 64~69쪽.

32) 참조: 김정준, 앞의 글, 116~117쪽. 오늘날 과학이라는 이름 아래 등장한 새로운 형태의 미신과 주술적 신앙의 형태에 대해 이런 점에서 다시금 주의가 필요하다. 과학 점술이나 유사심리학(類似心理學, Parapsychology) 또는 미신적 치유 신앙 등은 올바른 과학적 접근이 없을 때 또 하나의 새로운 반신앙(反信仰)의 위험을 가져올 수 있다. 이에 대해 참조: 최창무, 앞의 책, 47~48쪽; W. Harrelson, *The Ten commandments and human rights*, Philadelphia, Fortress Press, ^{5}1989, p. 76.

33) Cf. C.M. Carmichael, *The Origins of Biblical Law: The Decalogues and the Book of the Covenant*, Ithaca and London, Cornell University Press, 1992, pp. 32~34.

34) Cf. J. Sudbrack, "Von der Helle und von der Dunkelheit der Gotteserfahrung: Ein Beitrag zum Gespräch zwischen den Religionen", *Geist und*

Leben 5(1977), p. 341; 김이곤, 앞의 글, 208쪽. "이 이름은 사람들로 하여금 나쁜 목적으로 이용하라고 있는 것이 아니라, 사람들로 하여금 진실로 하나님을 부르고 하나님과 더불어 '예배 분위기와 고상한 친교'로 들어가도록 하기 위해 있는 것이다."(R.S. Wallace, *The Ten Commandments*, p. 53: 민영진 편, 《성서백과대사전》, 제7권, 성서교재간행사, 1981, 256쪽에서 재인용)

35) 한국천주교중앙협의회, 《가톨릭 교회 교리서》, 제3·4편, 1996, 744쪽(2143항).

36) Cf. W. Harrelson, *op.cit.*, p. 73~74.

37) 언행일치적 삶이 가능하려면 신자의 생활이 이원화되어 있지 않아야 한다. 성당에 와서 하느님께 경외의 마음을 품고 기도하기는 어렵지 않다. 그러나 일상의 삶 한가운데서 기도한 바대로 사는 것은 쉽지 않다. 문제는 성당이라는 공간이나 예배의 시간 바깥에는 하느님이 안 계신 것처럼 생각하는 이원론적 분리의식이다. 이러한 분리된 의식을 갖고 세속화된 세상 속에서 하느님에 대한 올바른 경외의 생활을 실천하기란 불가능하다. 도무지 하느님 안 계신 곳이 따로 없다는 통찰과 자각이 필요하다. 세상 한가운데에서도 하느님 현존을 의식하며 살아갈 수 있을 때 비로소 그분의 뜻에 맞는 처신이 가능하다.

38) Cf. Deutsche Bischofskonferenz(Hg.), *op.cit.*, p. 205.

39) 역사 사실에 대하여는 다음을 참조할 것: H.C. Lea, *Geschichte der Inquisition im Mittelalter,* Bd.1: Ursprung und Organisation der inquisition, Frankfurt, Eichborn, 1997, pp. 597~627; U. Bitterli(Hg.), *Die Entdeckung und Eroberung der welt: Dokumente und Berichte*, Bd.1: Amerika, Afrika, München, Beck, 1980; T. Todorov, *Die Eroberung Amerikas: Das Problem des Anderen*, Frankfurt, Suhrkamp, 1985, pp. 202~218 u. 289~301; I. Geiss, *Geschichte des Rassismus*, Frankfurt, Subrkamp, 1988, pp. 110~150.

40) 참조: 교황 요한 바오로 2세, 〈삼천년기 교황 요한 바오로 2세의 교서〉, 한국 천주교중앙협의회, 1995, 33항. "교회는 자기 자녀들의 죄과를 더욱 철저하게 의식하여야 할 것입니다. 신앙의 가치에 영감을 받은 삶을 세상에 증언하기는커녕, 참으로 반 증거와 추문의 행태를 보이는 사고 방식이나 행동 양식에 빠져들어 그리스도와 그분의 복음 정신에서 벗어났던 역사의 모든 시대를 그 자녀들에게 상기시켜 주어야 합니다."(같은 글, 33항); "Sündige Selbstbehauptung: Ein Gespräch mit dem Systematiker Jürgen Werbick über die Schuld der Kirche", *Herder Korrespondenz* 3(2000), pp. 124~129. "하느님 이름 남용의 역사는 우리 모두에게 '하느님' 이름을 깊은 경외심으로만 말하고, 그분을 바로 세상 속에서의 우리의 행동을 통해서 섬겨야 한다는 경고이자 호소이다." [Deutsche Bischofskonferenz(Hg.), *op.cit.*, p. 205]

41) Cf. J. Schreiner, *op.cit.*, p. 69; W.H. Schmidt, *op.cit.*, p. 83.

42) Cf. W. Harrelson, "Decalogue", J. Macquarrie/J. Childress(ed.), *A New Dictionary of Christian Ethics*, SCM Press, 1986, p. 146; W. Buisman, *op.cit.*, pp. 144~151. 특별히 사목자들에 의한 강론이나 고해성사 등을 통해 이루어질 수 있는 오류들에 대해서는 Deutsche Bischofskonferenz(Hg.), *op.cit.*, p. 204를 참조할 것.

43) Cf. J. Schreiner, *op.cit.*, pp. 134~136.

44) Cf. "Erbarmen in Gerechtigkeit umsetzen: Ein Gespräch mit Misereor-Hauptgeschäftsführer Josef Sayer", *Herder Korrespondenz* 5(2000), p. 233.

45) 참조: 노암 촘스키, 《그들에게 국민은 없다: 촘스키의 신자유주의 비판》, 강주헌 옮김, 모색, 1999, 36~42쪽, 론랜드 로버트슨, 〈세계지도를 다시 그리는 지구화〉, 피터 드러커 외, 《다시 그리는 세계지도》, 해냄, 2000, 39~68쪽.

46) 제2차 바티칸 공의회 문헌, 〈현대 세계의 사목 헌장〉, 1. 2항. Cf. J.B. Metz, *Zum Begriff der neuen Politischen Theologie* 1967~1997, Mainz, Matthias-Grünewald, 1997, pp. 15~22.

47) Cf. M, Premm/K, Böcklinger, *op. cit.*, p. 11.

48) J. Sudbrack, *op.cit.*, p. 342.

49) 정양모 역주, 《마태오 복음서》(한국 천주교회 200주년 신약 성서), 분도출판사, 1990, 71쪽.

50) 참조: 한국천주교중앙협의회, 앞의 책, 749~750쪽(2157. 2166항).

51) 참조: 김정준, 〈십계명 연구〉, 《기독교사상》(1965/7), pp. 126~127쪽; 김이곤, 앞의 글, 203쪽.

52) "Im Dekalog stellt sich Jahwe nicht nur theoretisch als Erlösergott vor, sondern als der, der vorgängig zu allen menschlichen Leistungen seine ureigene göttliche 'Leistung' erbracht hat"[A. Deissler, "Das Gebot gibt Leben", *Lebendige Seelsorge* 3/4(Mai 1979), p. 164].

53) "의무로부터 시작하는 것이 아니라 하느님의 선(善)하심에 대한 체험으로부터 시작하는 것이다. 그것을 체험한 사람만이 스스로 다르게, 그리고 해방적으로 행동할 수 있다. 하느님의 구원은 새롭게 요구되는 실천에 대한 동기를 주고 열광케 하며 내면적인 힘을 준다."(U. Struppe, "Dekalog", C. Schütz(Hg.), *Praktisches Lexikon der Spiritualität*, Freiburg, Herder, 1992, p. 211)

54) Cf. *Ibid.*

55) Cf. K. Lehmann, "Grundwerte und Zehn Gebote", *Lebendige Seelsorge* 3/4(Mai 1979), p. 169; 캠벨 몰간, 《십계명》, 김원주 옮김, 1987, 15~16쪽.

56) Cf. G. Ebeling, *op.cit.*, p. 68.

57) 십계명은 '하느님에 의해 해방된 인간의 하느님에 대한 의무'이며 그 계명의 준수를 통해 해방하시는 하느님의 역사에 동참하는 것이다. Cf. U. Struppe, *op.cit.*, p. 210.

일곱 번째 계명에 대한 21세기적 응답

1) 참조: 미셸 초스도프스키, 《빈곤의 세계화》, 이대훈 옮김, 당대, 1998, 35~48쪽.
2) 연세대학교 언어정보개발연구원 편, 《연세한국어사전》, 두산동아, 1998, 507쪽.
3) 천주교 서울대교구 사회사목부 엮음, 《가톨릭 사회 교리》, 중급편, 가톨릭출판사, 1996, 47쪽.
4) 한상진 편, 《현대사회와 인권》, 나남출판, 1998, 550쪽. 참조: 《세계인권선언》 제 25조(사회보장제도에 대한 권리). 이보다 앞서 나온 《프랑스 인권선언》(1793년)도 소유권을 불가침의 인간 권리로서 목록에 포함시키고 있다. 참조: 자크 롤레·뱅자맹 스테크, 《가톨릭 사회 사상의 이해》, 추교윤 옮김, 가톨릭출판사, 1994, 78쪽.
5) Cf. Deutsche Bischofskonferenz(Hg.), *Katholischer Erwachsenen-Katechismus*, Bd.2: Leben aus dem Glauben, Freiburg, Herder, 1995, pp. 416~418. 단 이때의 '인격적 자유의 권리'라는 것을 개인주의적으로 이해할 수 없다. 왜냐하면 가톨릭 사회 교리에 있어서 인격이란 개체적 독립성과 더불어 동시에 사회적 유대 속에서만 올바로 성립될 수 있기 때문이다. 이러한 인간 이해를 인간이 지니고 있는 개별성과 사회성을 통합적으로 이해하는 가톨릭 사회 교리의 '유기적 인간관'에서 확인할 수 있다. 이러한 가톨릭교회의 인간관은 인간의 개별성만을 강조한 자유 방임주의적 개인적 인간관이나 획일적 집단을 강조한 집단적 인간관을

거부하고 인간의 개별성과 사회성을 보완적으로 이해하는 입장이다(참조: 천주교 서울대교구 사회사목부 엮음, 앞의 책, 47~51쪽).

6) 19세기 독일의 케틀러(Wilhelm Emmanuel Freiherr von Ketteler, 1811~1877) 주교가 사유재산의 자연법적 근거를 주장하면서 토마스 아퀴나스의 신학대전(II-II, 66, 1~2) 본문을 인용한 점에 비춰볼 때, 가톨릭교회의 사유 재산 제도에 대한 자연법적 입장이 19세기 타파렐리(Luigi Taparelli)로부터 비로소 시작되었다는 주장은 설득력을 잃는다. 케틀러의 주장은 토마스 아퀴나스의 전통적 스콜라 신학에 근거하고 있다고 말할 수 있다. 비록 토마스가 사유권을 자연법(jus naturae)이 아니라 만민법(jus gentium)에 기초하는 것으로 본 것은 사실이지만, 만민법을 기초한 스토아 학파의 치체로(Cicero)에게 있어서 만민법은 곧 형상화된 자연법과 같았던 것이다. Cf. J. Hoeffner, *Christliche Gesellschaftslehre*, 8., erweiterte Auflage, Kevelaer, Butzon und Bercket, 1983, pp. 201~206; 요셉 회프너,《가톨릭 사회론》, 윤여덕 옮김, 서강대학교출판부, 2000, 185~189쪽.

7) Cf. L. Roos, "Eigentum und Eigentumsordnung", in J. Gruendel(Hg.), *Leben aus christlicher Verantwortung: Ein Grundkurs der Moral II*, Duesseldorf, Patmos, 1992, p. 83.

8) Cf. S.Th. II-II, q.66, a.2와 6; II-II, q.134, a.1, ad 3; A. Hertz u.a.(Hg.), *Handbuch der christlichen Ethik*, 2.Band, Aktualisierte Neuausgabe, Freiburg, Herder, 1993, pp. 373~376; L. Roos, *op.cit.*, p. 86; 볼프강 옥헨펠스,《기업인을 위한 가톨릭 사회론》, 윤여덕 역, 가톨릭교육문화원, 1994, 82쪽.

9) 나자로 이리아르떼,《프란치스칸 영성》, 프란치스코 한국 관구, 1987, 118쪽; 이용훈,〈재물과 청빈사상〉, 유봉준 신부 고희문집 간행위원회 편,《유봉준 신부 고희기념문집: 현대의 윤리적 과제》, 가톨릭출판사, 2000, 99쪽에서 재인용.

10) Cf. Deutsche Bischofskonferenz(Hg.), *op.cit.*, p. 416; 한국천주교중앙협의회, 《가톨릭 교회 교리서》 제3·4편, 1996, 2452항: "사유재산권은 재물의 보편적 목적을 폐기하지 못한다."

11) Cf. L. Roos, *op.cit.*, p. 85, 조규만, 〈하느님과 맘몬〉, 《가톨릭 신학과 사상》 10(1993/12), 가톨릭대학교출판부, 26쪽.

12) Cf. J. Hoeffner, *op.cit.*, pp. 207~208; J. Fellermeier, *Abriss der katholischen Gesellschaftslehre*, Freiburg, Herder, 1956, pp. 188~198; G. Enderle u.a.(Hg.), *Lexikon der Wirtschaftsethik*, Freiburg, Herder, 1993, p. 527. 소유 문제에 관한 가톨릭의 양면적 입장은 분명 개인주의적 내지는 자유주의적 소유 이론이나 그에 상반되는 사회주의적 소유이론과 같은 극단적 이해들에 대한 도전이다. 재물의 보편적 목적성과 사유재산권리는 일면 서로 상반되는 것으로 보이기도 한다. 양자간에는 분명 긴장관계가 존재한다. 보편적 목적성 속에서 볼 때 재물의 개별적 사유화는 있을 수 없는 일처럼 보일 수도 있기 때문이다. 이러한 오해의 가능성 때문에 한 쪽만을 강조함으로써, 극단적 자유 자본주의와 사회주의 체제가 탄생했지만, 양자 모두 인간에 대한 이해가 극단으로 치우쳤기 때문이다. 인간은 개인성과 사회성의 유기적 관계 속에서만 올바로 존재할 수 있다.

13) 공공목적을 위한 사유지의 점용이나 부동산 소유권의 제한 또는 납세제도 따위도 이에 해당한다. 참조: 박덕제·박기성, 《경제원론 II》, 한국방송대학교출판부, 1998, 13쪽; 자크 롤레·뱅자맹 스테크, 앞의 책, 27~32. 77~82쪽, 〈잉글랜드 웨일즈 가톨릭주교회의 성명서〉(1996), 109항(〈공동선과 가톨릭 교회의 사회 교리〉라는 제목으로 1997년에 한국천주교중앙협의회에 의해 번역·발행됨).

14) Cf. A. Rauscher, *Kirche in der Welt, Beitraege zur christlichen Gesellschaftsverantwortung*, Zwiter Band, Wuerzburg, Echter, 1988, pp. 454~455: "In

extrema necessitate omnia sunt communia, id est communicanda"(극단적 곤경 중에는 모든 것이 모두에게 적절히 나뉘어져야 한다는 의미에서 모든 사람에게 공동이다); L. Roos, *op.cit.*, 1992, p. 86.

15) Deutsche Bischofskonferenz(Hg.), *op.cit.*, p. 416.

16) 한국천주교중앙협의회, 앞의 책, 820쪽(2405항).

17) Cf. L. Roos, *op.cit.*, p. 83.

18) 한국천주교중앙협의회, 앞의 책, 2414항.

19) 정의에 관하여 참조: 한스 롯터, 《그리스도교 윤리: 근거와 특성》, 안명옥 옮김, 왜관, 분도출판사, 1987, 92~98쪽; 김어상, 〈사회정의와 국가의 역할〉, 한국사목연구소 편, 《자본주의 사회와 가톨릭 교회: 노동헌장 반포 100주년 기념 심포지엄 자료집》, 한국천주교중앙협의회, 1991, 255~260. 264~267쪽.

20) 참조: 강재륜, 《사고와 행동: 현대윤리학의 제문제》, 일신사, 1996, 272~274쪽.

21) Cf. F. Klueber, *Katholische Gesellschaftslehre, Geschichte und System*, Osnabrueck, Fromm, 1968, pp. 709~730; 유봉준, 《기초윤리신학》, 가톨릭출판사, 1978, 192~194쪽, O.v. Nell-Breuning, *Gerechtigkeit, Grundzuege katholischer Soziallehre*, Wien, Europaverlag, 1980, pp. 340~341.

22) 한국천주교중앙협의회, 앞의 책, 2411항.

23) 같은 책, 2454항.

24) Cf. J. Hoeffner, *op.cit.*, pp. 210~213. 회프너(Hoeffner)는 임금, 가구, 주택, 저금, 사회보장 수혜권, 국민 경제적 자본형성에 대한 참여 등을 여섯 가지 사유의 종류로 제시한다.

25) Cf. Deutsche Bischofskonferenz(Hg.), *op.cit.*, pp. 415~416. 420~421; J. Hoeffner, *op.cit.*, pp. 196~197.

26) 한국천주교중앙협의회, 앞의 책, 2414항.

27) 한국천주교중앙협의회, 앞의 책, 2409항.

28) 참조: 한국천주교중앙협의회, 앞의 책, 2413항.

29) 참조: 요셉 회프너, 앞의 책, 199쪽.

30) 한국천주교중앙협의회, 앞의 책, 2409항. "적정한 임금은 노동의 정당한 결실이다. 임금을 거절하거나 체불하는 것은 중대한 불의가 될 수 있다. …… 당사자들의 합의만으로 임금의 액수를 도덕적으로 정당화할 수는 없다."(같은 책, 2434항). Cf. J. Hoefer, K. Rahner(Hg.), *Lexikon fuer Theologie und Kirche*, 3.Bd., Freiburg, Herder, 1959, pp. 374~375.

31) Cf. Deutsche Bischofskonferenz(Hg.), *op.cit.*, p. 421.

32) 1코린 6,10; 1테살 4,6; 2테살 3,6~12. Cf. Deutsche Bischofskonferenz(Hg.), *op.cit.*, p. 396. 그런 점에서 회칙 〈백주년〉은 '인간의 노동이 없이는 땅의 결실도 없다.'고 설명한다(31항).

33) 노동의 인간학적 의미(자신과 가족의 생존수단, 인간 존엄성의 실현, 공동선 증진의 기여 등)와 신학적 의미(창조론적, 구원론적, 종말론적 의미)에 관하여 참조: Deutsche Bischofskonferenz(Hg.), *op.cit.*, pp. 402~404, 천주교 서울대교구 사회사목부 엮음, 앞의 책, 116~124쪽; 안명옥,《윤리신학의 단편적 이해》, 가톨릭대학교출판부, 1989, 315~327쪽.

34) 참조: 〈사십주년〉, 27. 32. 34. 37. 43. 51항.

35) 참조: 요셉 회프너, 앞의 책, 68~69쪽; 유봉준, 앞의 책, 194쪽; 김어상, 앞의 글, 266쪽; 김춘호,《가톨릭 교회와 사회변혁》, 분도출판사, 1998, 262쪽; N. Monzel, *Katholische Soziallehre*, Familie, Staat, Wirtschaft, Kultur, 2.Bd., Koeln, Bachem, 1967, pp. 407~409; R. Weiler, *Einfuehrung in die katholische*

Soziallehre, Graz, Styria, 1991, pp. 58~59; F. Klueber, *op.cit.*, pp. 712~713; O.v. Nell-Breuning, *op.cit.*, pp. 339~344. 안첸바흐(Arno Anzenbacher)는 세 가지 기본적 정의에다가 사회 참여를 위한 "참여 정의"(justitia contributiva)를 추가하여 이 네 가지를 사회 정의의 네 가지 부분적 측면으로 구분하기도 한다. 네 가지 정의를 통한 온전한 사회 정의의 실현이 공동선에 기여한다는 것이다: Cf. A.Anzenbacher, *Christliche Sozialethik*, Paderborn, Schoeningh, 1998, pp. 221~224.

36) Cf. D. Dorr, *Spirituality and Justice*, Dublin, Gill and Macmillan, 1984, pp. 58~61; F. Klueber, *op.cit.*, p. 715.

37) 한국천주교중앙협의회, 앞의 책, 2425항. 참조: 김세열, 〈기독교적 경제윤리〉, 한남대학교 기독교문화연구소 편, 《한국사회의 윤리적 위기와 기독교》, 한들출판사, 1999, 93~95쪽.

38) 참조: 자크 롤레 · 뱅자맹 스테크, 앞의 책, 67~69쪽.

39) Cf. J. Wiemeyer, "Gerechte Einkommensverteilung durch den Sozialstaat", *Jahrbuch fuer christliche Sozialwissenschaften*, 38.Band(1997), Soziale Gerechtigkeit, Verlag Regensberg, Muenster, pp. 162~167.

40) Cf. B. Haering, *Frei in Christus, Moraltheologie fur die Praxis des christlichen Lebens*, 3.Bd., Freiburg, Herder, 1981/1989(Sonderausgabe), p. 306.

41) W. Kerber · C. Westermann · B. Spoerlein, "Gerechtigkeit", in *Christlicher Glaube in moderner Gesellschaft*, Teilband 17, Freiburg, Herder, 1981, p. 71. Donal Dorr는 사회정의의 중요한 주제들로서 빈부격차, 외채, 정치적 억압과 자유, 폭력, 군비축소, 여성, 인종주의, 인권, 인구폭발, 환경, 난민, 실업 등을 제시한다. Cf. D. Dorr, *The Social Justice Agenda, Justice, Ecology, Power and the*

Church, Dublin, Gill and Macmillan, 1991, pp. 7~41.

42) 참조: 변형윤, 〈경제정의를 실현하는 길〉, 천주교 정의구현 전국연합 편, 《진리 편에 선 사람은》, 타임기획, 1990, 118~122쪽.

43) Cf. G. Enderle u. a.(Hg.), *op.cit.*, p. 1255; J. Hoeffner, *op.cit.*, pp. 305~307.

44) Cf. E. Launer(Hg.), *Datenbandbuch Sued-Nord*, Goettingen, Lamuv, 1993, pp. 133~148; 김춘호, 앞의 책, 266~267쪽; 한국천주교중앙협의회, 앞의 책, 2437항.

45) Cf. B. Haering, *op.cit.*, p. 308; C.F.v. Weizsaecker, *Die Zeit draengt*, Muenchen, Hanser, 1986, p. 26(C.F.v. 바이젝커, 《시간이 촉박하다》, 이정배 역, 대한기독교서회, 1987); 한국천주교중앙협의회, 앞의 책, 2438항.

46) Cf. C.F.v. Weizsaecker, *op.cit.*, pp. 32~36; F. Nuscheler, "Weltwirtschaft als 'Struktur der Suende'?", in K. Gabriel u. a.(Hg.), *Die gesellschaftliche Verantwortung der Kirche*, Duesseldorf, Pacmos, 1988, pp. 205~218. Donal Dorr는 제3세계에 대한 착취와 가난한 사람들의 권리를 침해하는 일들을 '구조적 불의'로 파악한다. Cf. D. Dorr, *Spirituality and Justice*, Dublin, Gill and Macmillan, 1984, p. 59.

47) Cf. A. Anzenbacher, "Gerechtigkeit", in A. Klose u.a.(Hg.), *Katholisches Soziallexikon*, Innsbruck/Graz, Tyrolia/Styria, 1980, p. 883; B. Haering, *op.cit.*, pp. 306~310.

48) 한국천주교중앙협의회, 앞의 책, 2439항.

49) 참조. 베르나르도 헤링, 《자유와 충실: 사제와 신자들을 위한 윤리신학》, 제3권: 《세상의 빛》, 소병욱 옮김, 바오로딸, 1996, 426쪽.

50) 한국천주교중앙협의회, 앞의 책, 2415항. 참조: 2416~2418. 2456~2457항.

51) 지구 환경 위기에 대한 선진국들의 책임은 이미 1992년 6월 브라질의 리우데자네이루에서 열린 '환경과 개발에 관한 유엔회의'(UNCED)에서 인정된 바 있다. 참조: 요네모토 쇼우헤이, 《지구환경문제란 무엇인가》, 박혜숙 · 박종관 옮김, 따님, 1995, 117쪽.

52) Cf. A. Hertz u.a.(Hg.), *op.cit.*, pp. 379~381; L. Roos, *op.cit.*, p. 93; P. Schmitz, "Schoepfungsauftrag und Weltgestaltung", in J. Gruendel(Hg.), *op.cit.*, p. 24; 구승회, 〈생태윤리학과 생명권〉, 한상진 편, 《현대사회와 인권》, 나남출판, 1998, 495~496쪽.

53) 참조: 김세열, 앞의 책, 71~80쪽.

54) 성서 신학적으로 '정의'는, 하느님의 심판 앞에서 인간이 자신의 삶을 통해 실천해야 할 덕목인 동시에 구원하시는 하느님의 자비의 선물로서 파악된다. "하느님께서 예수 그리스도를 통해 계시하신 정의는 실제로는 그분의 구원 정의, 즉 자비에 가득 찬 하느님의 성실을 가리키고 있다."(X. 레옹—뒤푸르 외, 《성서신학사전》, 광주가톨릭대학, 1984, 523쪽).

55) 유봉준, 앞의 책, 191~192쪽. "사랑과 정의의 관계는 그런 견지에서 사랑이 곧 정의의 완성이고 정의는 사랑의 도구가 된다."(박봉배, 《기독교 윤리》, 종로서적, 1987, 142쪽)

56) Cf. F. Klueber, *op.cit.*, pp. 730~735; C. Gardner, *Biblical faith and social ethics*, New York, Harper & Row, 1960, pp. 262~268; 요셉 회프너, 앞의 책, 70~71쪽.

57) Cf. J. Alfaro SJ, *Theology of Justice in the World*, (Justice in the World Synod of Bishops 3), Pontifical Commission Justice and Peace, Vatican City, 1973, pp. 40~41. 51; 한국천주교중앙협의회, 앞의 책, 2462. 2463항.

58) 참조: 조셉 플레처, 《새로운 도덕 상황윤리》, 이희숙 옮김, 종로서적, 1989, 71~86쪽.

59) 성 요한 크리소스토모, 〈라자로에 관한 강론〉, 1,6; 성 대 그레고리오, 〈사목규칙〉 3,21(한국천주교중앙협의회, 앞의 책, 2446항에서 재인용). 성 암브로시오도 이와 유사하게 말했다. 이웃과 재물을 나누기를 거부하는 것은 영원한 생명을 거부하는 것과 같다는 입장으로서 그런 사람은 구원받을 수 없다는 것이다. 참조: 조규만, 앞의 글, 26쪽.

60) Cf. L. Roos, *op.cit.*, pp. 84~85, 조규만, 앞의 글, 30쪽.

61) Cf. Deutsche Bischofskonferenz(Hg.), *op.cit.*, p. 392. 398.

62) Cf. A. Hertz u. a.(Hg.), *op.cit.*, p. 380.

63) M.K. Gandhi, *All Are Brothers. Life and Thought of Mahatma Gandhi as Told in His Own Writtings*, Genf, 1958, p. 130(B. Haering, *op.cit.*, p. 308 에서 재인용).

64) Cf. Deutsche Bischofskonferenz(Hg.), *op.cit.*, p. 397; 이용훈, 앞의 글, 95~99쪽.

교황청 사회 문헌을 통해 살펴본 재물에 관한 교회의 가르침

1) 참조: 요셉 회프너, 앞의 책, 189~191쪽; 볼프강 옥헨펠스, 앞의 책, 82쪽. 사회 문제에 투신했던 독일의 케틀러(Ketteler) 주교도 이러한 전통을 따랐다. 그는 당시 자유주의적 소유 이해와 공산주의적 소유 이해의 충돌 속에서, 개인재산의 사유권을 인정하되 그 소유권을 절대적 권리가 아닌 임시적 사용권리로 해석하며, 재물을

궁극적으로 모든 이를 위한 것으로 선언함으로써 공산주의적 및 자본주의적 이념이 담고 있는 각각의 긍정적인 부분을 교회전통 안에서 수용하였다. Cf. F. Klueber, *op.cit.*, pp. 201~207.

2) Cf. A. Rauscher, *op.cit.*, pp. 451~452.

3) 참조: 이용훈, 앞의 글, 104~110쪽, 이동익; 〈가톨릭 교회의 사회 교리 해설〉,《사회교리에 관한 교회문헌: 교회와 사회》, 한국천주교중앙협의회, 1994, 952~953쪽.

4) Cf. O.v. Nell-Breuning SJ, "Die Eigentumsfrage in den Dokumenten der katholischen Soziallehre", *Stimmen der Zeit,* Heft5(1979), p. 347.

5) 요한 23세 교황은 〈어머니요 스승〉 76항에서 비오 11세의 이러한 판단을 재차 상기시킨다.

6) Cf. H. Pfuertner, W. Heierle, *Einfuehrung in die katholische Soziallehre*, Darmstadt, Wissens-chaftliche Buchgesellschaft, 1980, p. 130.

7) Cf. *Ibid.*, p. 133.

8) 후진국의 발전문제를 단순히 선진국에 의한 원조 차원의 문제가 아니라 "국제적 정의"의 문제임을 바오로 6세 교황은 밝혔고, 이 점을 요한 바오로 2세 교황도 기회 있을 때마다 강조한다. Cf. W. Kerber u.a., *op.cit.*, p. 65; 요셉 회프너, 앞의 책, 274~275쪽, 교황청 정의평화위원회,《사회교리란 무엇인가: 연구를 위한 길잡이》, 한국천주교중앙협의회, 1992, 35~37쪽.

9) Cf. Johannes Paul II, "Centesimus Annus", *Mit einem Kommentar von Walter Kerber*, Freiburg, Herder, 1991, pp. 145~148.

친환경적 민족 공동체를 향하여

1) 출처: 통계청,《북한의 주요통계지표》, 2013, 41쪽.

2) 참조: 〈동아일보〉 2000.10.6, 23면.

3) 참조: 장남수, 〈북한의 식량난 실태와 주민들의 영양 상태〉,《통일경제》통권 제49호(1991/1) 87~95쪽; 마커스 놀랜드(Marcus Noland), 〈북한의 기근 해소를 위한 제언〉,《통일경제》통권 제50호(1999/2), 91~97쪽.

4) 참조: 〈조선일보〉 2001.4.16, 43면.

5) 이태환 편,《동북아 환경 협력》, 세종연구소, 2001, 31쪽.

6) 참조: 〈한국일보〉 2002.1.7, 2면(함흥 공업 지구를 비롯한 북한의 주요 공업 지구에서 정화 시설 미비로 그대로 방출한 산업 폐수와 도시 폐수도 두만강, 압록강, 대동강 등 하천의 심각한 오염원이고, 이는 곧바로 동해와 서해의 해양 오염으로 직결된다. 바다 오염의 요인으로서 서해안 간척 사업도 빼놓을 수 없다); 김태구, 〈동서독 환경 통합과 그 교훈〉, 박이문 외,《녹색 한국의 구상》, 숲과나무, 1998, 355~360쪽; 홍순직, 〈북한의 환경오염 실태와 남북 협력 방안〉,《통일경제》통권 제49호(1991/1), 81~82쪽.

7) 참조: 〈문화일보〉, 2002.11.8, 김광원 칼럼.

8) 참조: 홍순직, 앞의 글, 80쪽.

9) 참조: 〈조선비즈〉, 2013.2.4(http://biz.chosun.com/site/data/html_dir/2013/02/03/2013020301072.html)

10) 참조: 통계청,《북한의 주요통계지표》, 2013, 42쪽.

11) 박원훈 외,《한국의 환경 비전 2050》, 그물코, 2002, 342쪽.

12) 〈한겨레신문〉 2000.2.23, 4면.

13) 참조: 통계개발원, 《한국의 사회동향 2013》, 2013, 220쪽.

14) 참조: 환경부, 《환경백서》, 2012, 204~206쪽.

15) 참조: 손기웅, 앞의 책, 68~70쪽.

16) 참조: 〈충청일보〉, 2013.9.23(http://www.ccdailynews.com/sub_read.html?uid=361116&section=sc9)

17) 참조: 환경부, 앞의 책, 553쪽 이하.

18) 참조: KOSIS 국가 통계 포털(http://kosis.kr)

19) 참조: 〈머니투데이〉, 2006.5.29(http://www.mt.co.kr/view/mtview.php?type=1&no=2006052915014939452&outlink=1)

20) 참조: 최병두, 〈한국 자본주의적 산업화와 자원·환경 문제〉, 《한국의 공간과 환경》, 한길사, 1991, 296~338쪽.

21) 참조: 문태훈, 〈21세기 지탱 가능한 발전의 제약과 극복〉, 환경운동연합 21세기 위원회 편, 《20세기 딛고 뛰어넘기》, 나남, 2000, 91~93쪽.

22) 참조: 김종달, 〈에너지 전환과 사회 변화〉, 《녹색전망》, 도요새, 2002, 546쪽.

23) 참조: 손기웅, 〈북한 환경 파괴 실태와 환경 정책 평가〉, 박이문 외, 《녹색 한국의 구상》, 1998, 297쪽 이하.

24) 같은 글, 301~303쪽.

25) 참조: 박원훈 외, 앞의 책, 224쪽 이하.

26) 참조: 손기웅, 《남북 환경공동체 형성 방안》, 통일연구원, 2001, 6~19쪽.

27) 참조: 《정의 평화 창조 질서의 보전 세계대회 자료집》, 한국기독교사회문제연구원 편, 민중사, 1990, 57쪽.

28) 참조: 김광식, 〈통일의 새로운 전망과 한반도 생태공동체 건설〉, 박이문 외, 《녹색 한국의 구상》, 1998, 282~285쪽.

29) 권혁범, 《민족주의와 발전의 환상》, 솔, 2000, 121~122쪽.
30) 참조: 같은 책, 117~124쪽 및 260~267쪽; 권혁범 외, 《한반도와 통일 문제》, 대왕사, 2002, 190~194쪽. 지구적 차원에서 북반구에 의한 남반구에서의 자연 착취처럼, 통일 후 또는 통일 추진 과정에서 남한에 의한 북한의 자연 환경 착취가 그대로 답습될 수도 있는 위험성을 경계해야 한다.
31) 북한의 개방에 따른 환경 문제의 악화 가능성에 대하여: 고일동, 〈남·북한 교류의 현황 및 전망〉, 《남·북한 환경공동체를 위한 협력 방안》, 한국환경기술개발원 세미나 자료집, 1995, 31~33쪽 참조.
32) 참조: 녹색사회연구소 편, 《한국환경보고서 2001》, 2002, 298쪽 이하; 환경부, 앞의 책, 244쪽.
33) 최창조, 〈한국의 전통적 자연과 인간관〉, 《생태계 위기와 한국의 환경 문제》, 따님 환경논총1, 따님, 1996, 132쪽.
34) 참조: 윤형근, 〈한국생명운동의 뿌리와 전통사상〉, 최병두 외, 《녹색전망》, 2002, 304~305쪽; 김욱동, 《한국의 녹색문화》, 문예출판사, 2000, 27~43쪽.
35) 참조: 김욱동, 앞의 책, 134~136쪽.
36) 참조: 진교훈, 《환경윤리》, 민음사, 1998, 184쪽.
37) 최창조, 앞의 글, 151~152쪽.
38) 주요섭, 〈생명사상과 한국적 생태담론〉, 최병두 외, 《녹색전망》, 2002, 328쪽.
39) 참조: 김욱동, 앞의 책, 165~213쪽.
40) 박희병, 《한국의 생태 사상》, 돌베개, 1999, 18쪽.
41) 참조: 같은 책, 116~131쪽.
42) 이하 홍대용에 관해 참조: 박희병, 앞의 책, 245~293쪽; 김욱동, 앞의 책, 259~274쪽.

43) 김욱동에 따르면, 홍대용은 예를 들어 맑은 기(氣)를 타고난 것은 인간이고 흐린 기를 타고난 것은 생물이 된다고 보았다. 사람이나 여타 생물이나 기를 가지고 태어나는 것은 같지만, 고급 기운은 인간으로 나고 저급 기운은 하등 동식물이 된다고 하여, 인간을 더 상 위에 두기도 한 것이다(참조: 김욱동, 앞의 책, 268쪽). 이러한 구분은 그리스도교의 인간 중심주의와 상통하는 면이 있어 보인다. 홍대용이 만물을 물질의 순환과 에너지의 흐름으로 보고 그 점에서 인간과 동식물을 구분하지 않은 점은, 그리스도교 입장에서 볼 때, 인간과 여타 피조물이 피조성(被造性)을 공동으로 지닌다는 점에서 서로 같다는 것과 일맥상통한다. 또한 홍대용이 기의 우열에 따라 인간과 동식물을 구분한 것은, 그리스도교에서 인간이 하느님 모상으로서 여타 피조물들로부터 구분되어 관리자의 위치에서 이해되는 것에 상응한다고 할 수 있을 것이다.

44) 담헌 홍대용, 《林下經輪·醫山問答》, 조일문 옮김, 건국대학교출판부, ^{3}1999, 56쪽.

45) 참조: 김욱동, 앞의 책, 82쪽.

46) 참조: 편집부 편, 《21세기를 향한 자연과 환경》, 도서출판 춘강, 1995, 11쪽.

47) 참조: 이규태, 《한국인의 환경문화》, 신원, 2000, 98쪽.

48) 진교훈, 앞의 책, 187쪽.

49) 참조: 유홍준, 《나의 문화 유산 답사기》, 창작과비평사, 1993, 273~308쪽.

50) 진교훈, 앞의 책, 216쪽.

51) 돌로 만든 금표에는 "棄灰者 杖三十, 棄糞者 杖五十"(또는 棄灰者 杖八十, 棄糞者 杖五十)라고 새겨서, 재를 버리는 자는 곤장 30대, 똥을 버리는 자는 곤장 50대의 처벌을 받게 했다. "放牲畜者 杖一百"의 금표는 가축 방목으로 산림을 훼손하는 자를 곤장 100대에 처한다고 알렸다. 송목금벌 정책을 엄격히 실시하여, 소나무

한 그루를 불법 벌목하면 곤장 100대, 두 그루를 베면 곤장 100대를 친 후 입대시키고, 열 그루는 곤장 100대를 친 후 오랑캐 지역으로 추방시켰다고 한다(참조: 문태훈, 앞의 글, 97~100쪽).

52) 《가톨릭 교회 교리서》, 300항.

53) 《가톨릭 교회 교리서》, 341항.

54) 《가톨릭 교회 교리서》, 301~305항.

55) 《가톨릭 교회 교리서》, 300항.

56) Cf. Sekretariat der Deutschen Bischofskonferenz(Hg.), *Handeln für die Zukunft der Schöpfung*, Bonn, 1998, p. 43. 그래서 요한 바오로 2세 교황도 1990년 1월 1일 세계 평화의 날 메시지 〈창조주 하느님과의 평화, 모든 조물들과의 평화〉에서 "환경을 보전하려는 신앙인들의 투신은 창조주 하느님에 대한 신앙에서 직접 뻗쳐 나오는 것"이라고 강조하며 환경 보전을 위한 모든 개개인과 단체의 관심을 촉구한 바 있다.

57) 참조: 안병무, 《한국 민족 운동과 통일》, 한국신학연구소, 2001, 205~208쪽.

58) 참조: 최창무, 《윤리신학 II》, 가톨릭대학교출판부, 1995, 23~24쪽.

59) K.H. 페쉬케, 《그리스도교 윤리학》, 제2권, 김창훈 옮김, 분도출판사, 1992, 95쪽.

60) 제2차 바티칸 공의회 문헌, 〈사목 헌장〉, 21항.

61) 《가톨릭 교회 교리서》, 1049항.

62) K.H. 페쉬케, 앞의 책, 95쪽.

63) 참조: 같은 책, 114쪽.

64) 《가톨릭 교회 교리서》, 344항.

65) 아시시의 프란치스코 성인, 〈태양의 노래〉, 최민순 옮김, 프란치스코회 한국관

구 편, 《성 프란치스코와 성녀 글라라의 글》, 분도출판사, 1985, 186~189쪽.

66) 바오로 6세 교황의 교서, 〈팔십주년〉, 21항.

67) 참조: 비오 11세 교황의 회칙, 〈하느님이신 구세주〉, 29항; 요한 23세 교황의 회칙, 〈지상의 평화〉, 55~59항.

68) 천주교 서울대교구 사회사목부 편, 《가톨릭 사회 교리 2(중급편)》, 가톨릭출판사, 1996, 76쪽.

69) 참조: 비오 11세 교황의 회칙, 〈사십주년〉, 35항.

70) Sekretariat der Deutschen Bischofskonferenz(Hg.), *Europäische Ökumenische Versammlung, Frieden in Gerechtigkeit, Basel, Das Dokument*, Arbeitshilfen 70, Bonn, 1989, pp. 23~27.

71) Cf. Shannon Jung, *We are home: a spirituality of the environment*, Paulist Press, New York, 1993, pp. 52~53.

72) Cf. Charles Cummings, *Eco-spirituality: toward a reverent life*, Paulist Press, NewYork, 1991, pp. 126~127(찰스 커밍스, 《환경신학》, 정홍규 옮김, 성바오로, 1999, 161~162쪽).

73) 게리 가드너, 〈지탱 가능한 세계를 위한 종교의 역할〉, 월드워치연구소, 《지구환경 보고서 2003》, 오수길 외 옮김, 도서출판 도요새, 211쪽.

74) 참조: 윤형근, 〈종교와 영성을 통한 지탱 가능성의 실현〉, 이병철 외, 《녹색운동의 길찾기》, 환경과생명, 2002, 219쪽. 예를 들면, '정의 평화 창조 질서 보전을 위한 공의회적 과정'(The Conciliar Process of Mutual Commitment to Justice, Peace and the Integrity of Creation)을 개신교와 함께 각국 주교단이 공식 주도한 것이라든가, 또 1988년 아시시(Assisi)에서 요한 바오로 2세 교황이 개최한 정의 평화 창조를 위한 초교파적 간담회 등이 있다.

75) 1995년 이후 한국 교회의 대북 지원 총액은 1999년 말 현재 '100억 원이 훨씬 넘었다'고 한다(〈평화신문〉 1999.12.12). 그러나 그 정도 금액은 서울에 3~4개 본당을 신축하는 비용 정도이고, 5년에 걸쳐 한국 교회 전체가 북한 지원을 위해 쓴 돈으로서는 너무 적은 편이다. 서독 교회는 매년 약 300억에서 400억 원에 이르는 재정 지원을 동독 교회에 투입하였다(참조: 주도홍, 《독일 통일에 기여한 독일 교회 이야기》, 기독교문서선교회, 1999, 82쪽).

76) 참조: 정광웅, 〈대북 지원 활동의 현황과 과제〉, 《민족 화해와 일치를 위한 전국 심포지엄 자료집》, 서울대교구 민족화해위원회, 2000, 42~57쪽.

77) 평화의 숲 가꾸기 운동은 식량 및 에너지난으로 훼손된 북한의 산에 나무를 심는 운동인데, 1999년에 시작하여 지금까지 북한에 560만 그루의 묘목 및 종자, 비료 등을 지원하였다. 평화의 숲 홈페이지 참조: http://www.peaceforest.or.kr

78) 참조: 손기웅, 《남북 환경공동체 형성 방안》, 통일연구원, 2001, 30~31쪽.

79) 참조: 김영한, 〈독일 통일과 교회의 역할〉, 기독교학문연구회 편, 《민족 통일과 한국 기독교》, 한국기독학생회출판부(IVP), 1994, 113쪽.

80) 참조: 주도홍, 앞의 책, 80~85쪽.

81) 참조: 주요섭, 앞의 글, 338쪽.